프로가 되는
자기경영노트

PROFESSIONAL

프로가 되는
자기경영노트

오오쿠보 유키오 지음 ㅣ 우제열 옮김

Book Planner

프로가 되는 자기경영노트

초판 1쇄 인쇄 2005년 4월 10일
초판 2쇄 발행 2008년 5월 19일

지은이 오오쿠보 유키오 | **옮긴이** 우제열 | **펴낸이** 백운철 | **펴낸곳** 북플래너
편집 박종연, 김현숙 | **디자인** 손은숙 | **영업 마케팅** 안원호 | **관리** 이화정

등록번호 제22-2444호 | **등록일자** 2003년 12월 12일
주소 서울시 서초구 서초3동 1550-6번지 태림빌딩 6층(137-873)
전화 (02)3472-2040 | **팩스** (02)3472-2041 | **이메일** bookplanner@hanmir.com
ISBN 89-91028-04-7 (03320)
ⓒ 북플래너 2005, Printed in Korea

• 잘못 만들어진 책은 바꾸어드립니다.

추천사

1981년 가을, 대입시험을 치루기 몇 달 전, 필자는 핵심체크라는 교재로 최종 정리를 했었다. 일일이 교과서를 읽을 시간조차 없던 시기였기에, 간결하게 요점이 정리되어 있는 교재는 퍽 유용했다.

1997년 외환위기 이후 패러다임이 바뀌면서, 소위 '프로'가 되기 위한 책들이 많이 쏟아져 나왔다. 그 종류가 너무 많아 소화 불량에 걸릴 정도가 되자, 문득 요점정리를 해 놓은 책은 왜 없는지 엉뚱한 생각이 들기도 했다.

그러다가 이 책을 만났다. 이 책의 저자는 일본인이다. 일본 사람의 글답게, 지극히 실용적이다. 학문적 깊이나 중후함은 거의 보이지 않는다. 오히려 천박한 장사꾼의 말투이다.

그래서 이 책은 가치가 있다. 감동적인 설득으로 내 마음을 흔들어 놓은 뒤, 그래서 무얼 해야 하지 등의 공허함은 이 책에 나타나지 않는다. 즉 지극히 실전적인 책이다.

대학 교수이건 이종격투기 무술가이건 프로가 되기 위해서는 기본적으로 갖추어야 할 공통점이 있다. 저자는 이를 12가지로 나누어 정리했는데 이것이 바로 '12가지 기초력' 이다. 저자의 주장이 새롭지는 않지만, 기존의 이론들이 하나의 프레임워크하에서 간결하게 정리되어 있다는 점이 높이 살 만하다.

요점 정리를 한 책답게, 책장에 꼽아 두기만 할 장서는 아니다. 침대 옆, 화장실 옆에 꽂아 놓고, 틈틈이 읽고 소화시켜야 한다. 이 책에 있는 12가지 기초력을 몸에 익히고 축적해 나간다면 좋은 평가를 받으면서 인정받는 프로가 될 수 있을 것이며 일에 있어서의 성공확률은 높아질 것이다.

삼성경제연구소 연구조정실

수석연구원 신현암

책머리에

나는 프로란 어느 자리에 있든지 커리어를 지탱하는 능력을 적절하게 연마하는 사람이라고 본다. 따라서 '프로가 되는 자기경영을 위한 12가지 기초력'을 정의하고, 몸에 익히는 방법을 제시하였다. 여기에 기술된 것은 시행착오를 반복하면서 걸어온 나의 경험과 인사와 고용, 커리어 등을 전문 분야로 연구해 온 성과에 기초하고 있다. 10대나 20대부터 50, 60대까지의 폭넓은 세대가 단숨에 끝까지 읽을 수 있도록 쉬운 문장으로 쓰려고 노력했다. 때문에 전문용어는 사용하지 않았다.

오늘날엔 기업이 채용하고자 하는 '인재상'이 업계를 초월하여 유사한 것 같다. 모든 기업마다 비슷한 조건의 '인재'를 경쟁적으로 채용하고 있기 때문이다. 하지만 그 기준이 모든 취직희망자나 학교에는 제대로 전달되지 않기 때문에 이른바 부조화를 일으키거나 비효율적인 학습을 낳기도 하고 있다.

또한 능력과 경력에 관한 오해도 적지 않다. '경력'이라는 애매한 말에 휘둘려 무엇을 해야 할지 몰라 불안감만 커지는 사람도 적지 않을 것이다. 이와 관련해서 프로페셔널의 조건에 관한 대표적인 오해 몇 가지에 대해서도 정리해 보았다.

　이 책에는 당신의 커리어를 위해 익혀야 할 업무 능력에 대한 내용으로 가득하다. 즉 기술이나 자격증이 아닌 좀더 본질적인 내용인 '자신이 좋아하는 일을 즐겁게' 하기 위한 '인간관계, 업무수행, 자아컨트롤' 능력에 대하여 기술하였다.

　능력을 키우는 데는 연령에 따른 '적절한 시기'가 있다. 이 책을 참고로 각각의 연령대에 맞는 능력을 연마하여 평생 동안 즐겁게 일할 수 있다면 좋겠다는 바람이다.

	명칭	능력의 종류	표준개발연령
자기경영 1	반응력	인간관계	10대~20대
자기경영 2	호감을 주는 능력	인간관계	10대~20대
자기경영 3	긍정적인 사고력	자아컨트롤	10대~50대
자기경영 4	목표발견 능력	업무수행	10대~40대
자기경영 5	지속적인 학습력	자아컨트롤	20대~30대
자기경영 6	문맥 이해력	인간관계	20대~40대
자기경영 7	전문 구축력	업무수행	30대~40대
자기경영 8	인맥 개척력	인간관계	30대~40대
자기경영 9	위임 능력	인간관계	30대~40대
자기경영 10	상담 능력	인간관계	40대~60대
자기경영 11	지도력	인간관계	40대~60대
자기경영 12	중개 조정력	종합	40대~60대

차
례

차
례

차
례

제1장

프로페셔널의 조건에 관한 몇 가지 오해

취직에 관련된 일을 하며 항상 느끼고 있는 것은 기업이 정말 채용하고 싶어 하는 인재상과, 구직자 한사람 한사람

이 취직하기 위해 의히려는 기능 사이에는 뚜렷한 부조화가 존재한다는 것이다. 그 부조화는 사회 초년을 맞은 새내기

의 신규 취직시에 가장 뚜렷하게 나타나는데 그 뿐이고 싶은 후의 전직에서도

나타나고 있고 승진과 승격 등의 인물 평가에서도 보이고 있다. 누구나 인재서 숨어

성공하고 싶고 평가 받고 싶어 한다. 자신의 좋은 점을 발휘하여 좋아하

는 일을 쉽게 하고 싶어 한다. 그렇게 되기 위하여 그때그때 주어

림없이 찾으다. 그렇게 되기 위하여 그때그때 주어

진 일을 통하여 새로운 가능을 익히거나

때로는 책을 읽기도 하고 학

교에 다니면서 학

습을

프로페셔널의 조건에
관한 몇 가지 오해

나는 오랜 기간에 걸쳐 취업과 관련된 일을 하며 항상 느끼는 것이 있다. 즉 기업에서 원하는 인재상과 구직자가 취직하기 위해 익히려는 기능 사이에 뚜렷한 부조화가 있다는 것이다. 그것은 학교를 갓 졸업한 구직자의 신규 채용 시에 가장 뚜렷하게 나타난다. 그 부조화는 사회 경험을 쌓은 후의 전직에서도 나타나며 승진 등의 직원 평가에서도 보인다.

누구나 하고 있는 업무를 통해 좀더 성공하고 싶고 월등한 평가를 받고자 한다. 또한 자신의 좋은 점을 발휘하여 좋아하는 일을 즐겁게 하고자 한다. 물론 그렇게 되고 싶다면 그때그때 주어진 업무에서 새로운 기능을 익히거나 책도 읽어야 하고 교육기관의 학습을 거쳐야 한다. 그런데 나는 도저히 그 학습이 헛돌고 있다는 생각을 떨칠 수가 없다. 많은 직장인이나 구직자들이 그때그때 익혀두어야 할 능력은 정작 깨닫지 못한 채 표면적인 노하우나 기술만을 쫓고 있기 때문이다.

우리나라의 실업률은 거의 3.5퍼센트 전후인데 그 원인의 대부분은 부조화에 의한 것이라고 분석되고 있다. 구직자 수의 절대부족이 원인이라기보다 기업체에서 필요로 하는 능력과 실제로 구직자가 가지고 있는 능력이 맞아떨어지지 않고 있는 것이다.

구직활동 중인 대학생을 대상으로 봐도 일부 학생들은 어느 회사든 마음먹은 대로 입사 내정이 되고, 그렇지 못한 대부분의 사람들은 면접에서 거듭 떨어지고 있다. 그것이 현실이다. 전직 등으로 제2의 커리어를 생각하는 중장년도 마찬가지다. 40, 50대가 되기까지 익혀두었어야 할 능력을 익혀두지 않았기 때문에 노동시장의 심각한 현실에 부딪히면서 내키지 않는 직종에 희망 임금을 크게 밑도는 조건으로 취업하고 있다.

직업에 필요한 능력이란 무엇일까? 경력관리란 무엇일까?

'능력'이나 '경력'은 누구나 알고 있는 단어지만 그 애매함 때문에 많은 오해를 사고 있다. 그럴듯한 노하우와 통설이 많이 퍼져 있어 많은 사람들이 혼동하고 있다. 듣고 보면 모두 수긍할 것으로 보이는 내용들로, 능력이나 경력과 관련하여 프로의 조건에 관한 오해를 풀어두기로 하겠다.

1. 목표를 향해 무조건 한우물만 파면 된다?

이 오해는 구직활동을 시작할 때 생긴다.

자신이 어느 방면에 적합한지, 무엇을 하고 싶어 하는지 구직활동 전에 찾아내지 않으면 안 된다는 것이다. 그러나 이 시기는 아직 일을 해본 경험이 없는 단계다. 이 물음은 너무나도 무거운 것이며 답을 찾아낼 수 있는 사람은 극소수에 지나지 않는다.

'의사가 되어 국경을 초월한 인류의 생명을 구하겠다'며 자신이 나아갈 평생의 길을 확신 있게 결정하고 그대로 착실히 준비를 하는 사람은 매우 드물다. 대개의 사람은 '무역상사원이 되어 해외에 가고 싶다' '잡지 편집자가 되고 싶다' 등의 목표를 세우고 그 목표가 자신이 하고 싶은 일이면 재능이 있다고 생각해 버린다. 그래도 못하는 사람은 '나는 내가 무엇을 하고 싶어 하는지 모르겠다' '저 사람은 어떻게 자기가 하고 싶어 하는 일을 알 수 있을까? 대단하군. 난 도저히 무리다' 라고 생각하고 취업전선에 나서지도 않고 자기 찾기의 긴 여정(프리터)을 떠나고 만다.

현재 일하고 있는 30~50대의 많은 사람들은 취직하기 전에 하고 싶어 하던 일이 무엇이었는지 몰랐을 것이다. 선배가 들어간 회사를 찾아 면접이라고 하기에도 쑥스러운 전형을 받고 공채의 혼란 속에서 얼떨결에 술 마시고 악수하는 것으로 취직이 결정된 사람도 무척 많으리라고 본다. 무엇을 하고 싶은지 생각하지 않아도 회사에 몸담기만 하면 되던 시절이었다.

따라서 자신이 하고 싶어 하는 일이 분명하지 않아도 걱정할 필요는 없었다. 취업담당 교사가 '자기분석을 통해 하고 싶어 하는 것을 생각하라'고 해도 어렵게 생각할 것은 없었다.

해보고 싶다는 동기는 자신이 직접 해봐야 비로소 생기는 것이다. 해본 적도 없는 일에 동기란 생기지 않는다.

다만 진지하게 생각해 볼 만한 가치는 있다. 취직이라는 신중한 선택에 앞서 이런 일은 어떨까, 저런 일은 어떨까 하고 이것저것 생각해 보고 아르바이트도 해보고, 그 일을 하고 있는 사람의 이야기도 들어보고 직접 행동해 보는 것은 매우 가치 있는 일이다. 만약 그들 중 누군가가 이상적으로 생각할 만한 이야기를 해주었다면 일단 과감하게 그 일에 뛰어들어보는 것도 나쁘지 않다.

좀 심하다고 할지 모르지만, 처음에 어떤 일에 몸을 담느냐하는 것은 그리 중요한 일이 아니다. 하고 싶던 일을 하다가도다른 일에 끌려 하고 싶은 일이 바뀔 수도 있기 때문이다. 그때그때의 만남, 우연, 깨달음이 있으며 그 연장선상에서 비로소자신의 길을 찾을 수 있기 때문에 무엇을 하느냐보다는 자신의성장 가능성을 믿을 수 있는 환경이 중요하다.

즉 앞으로 이야기할 12가지 기초력을 연마하는 것과 같은 환경이다. 그런 능력을 연마할 수 있는 회사인지 아닌지를 간파하는 데는 입사 후 10년 정도 지난 사원이 어느 정도 활기차게활약하고 있는지도 참고가 될 것이다.

나는 취직을 준비하고 있는 대학생들을 대상으로 하는 강연에서 '처음에는 레프팅을 해봐라. 그러고 나서 산에 오르라'고말한다. 레프팅은 강 하구까지 가는 것이 목적이 아니고, 죽을힘을 다해 격류를 헤쳐 나가며 쏟는 과정에 가치가 있다. 어떻게든 코앞으로 닥쳐오는 바위를 피하면서 숨 돌릴 틈도 없이다음 격류에 도전한다. 장기적인 일의 목표는 정해지지 않았어도 단기 목표에 전력 질주한다.

그런 경험이 자신의 능력을 높이고 좋은 만남을 만들고 다음

진로를 보여줄 게 틀림없다. 그리고 언젠가(30세는 넘긴 후가 좋겠지만) '나는 이 길로 꿈을 이루겠다'는 오르고 싶은 산을 정하고 정상을 향해 오른다. 이와 같이 '레프팅형'에서 '등산형'으로 전개해 가는 자기경영이 가장 이상적이라고 본다.

2. 학력이 높으면 어딜가도 인정받는다?

학력에 대해서도 오해가 있다. 우선, 대학을 졸업하면 고졸보다 취직에 유리할 것이라는 오해다. 현재 대학진학률은 79.7%(교육인적자원부·한국교육개발원 교육통계연보 2004)에 이르고 있기 때문에 특별히 대학 졸업자에 대한 희소가치가 있는 것도 아니다. 오히려 고졸로 취직했던 사람이 대학 진학을 하는 경우도 어느 정도는 있기 때문에 이제 대학을 나온 것만으로는 특별한 가치는 없다. 이제는 어디까지 어느 정도의 기초적 능력을 익히고 있는지를 보여줘야 하는 때다.

우리나라에서는 이미 대졸 화이트칼라 후보는 공급과잉이다. 오로지 취업만을 생각한다면 전문학교 등에서 기능을 익히는 것도 좋은 방법이다. 또한 급증하고 있는 대학원 졸업자도 노동시장에서는 그다지 환영을 받지 못하고 있다. 이공계열에서 유명한 교수가 가질 만한 기술을 익힌 경우는 다르겠지만, 그렇지 않은 경우는 오히려 대졸 이상의 학력자들의 취업도 어려운 형편이다. 덧붙여, 대학을 졸업하고 취업이나 진학을 하지 않은 사람(무직자)의 비율은 20.9퍼센트이고, 석사졸업자는 64,259명, 박사졸업자는 7,240명(교육인력자원부 · 한국교육개발원 2003)으로 갈 곳을 잃은 사람이 많다.

특히 요즘에는 직장인 대학원생이 급증하고 있다. MBA나 로스쿨 등의 전문직 대학원(프로페셔널 스쿨)을 국내에도 들여와 대학의 거리가 가까워졌기 때문이다. 게다가 주야개강제와 통신제 등의 강좌가 정비되어 일을 하면서도 대학원을 다닐 수 있다.

나도 현재 호세대학 대학원 정책과학 연구과에서 객원교수로 수업과 강연을 하고 있는데 여기에서도 직장인 대학원생이 압도적인 비율을 차지하고 있다.

어째서 대학원에 다니는 것일까? 직장인으로 일을 하면서 배우는 경우, 평일 밤 2, 3일과 토요일은 거의 하루 종일 수업이 있고 그 외의 시간도 과제와 수업 준비, 석사논문 작성 등으로 잘 틈이 없을 정도로 바빠지는데 말이다. 그런데도 왜 굳이 대학원에 다니는 생활을 선택하는 것일까?

대표적으로 자신의 식견을 넓히기 위해서라는 이유가 있다.

대학원에 다니면 막연한 '무언가'를 얻을 수 있으리라는 기대인 것이다.

장차 박사학위를 취득하고 대학교수의 길을 가겠다는 기대, 물론 그것도 분명 하나의 길이다. 연구와 교육이 적성에 맞는다면 좁은 문이기는 하지만 그것도 또 다른 기대가 될 수 있다. 대학원에서 배운 것이 업무에 도움이 될 것이라는 기대도 있다. 전문직 대학원이면 현재의 업무 과제를 대학원의 지도교수에게 협력과 지원을 받으면서 완성시키는 것도 가능하다. 또한 대학원을 졸업하여 석사학위를 취득하면 전직할 때 유리할 것이라는 기대도 있다. 문제는 이것이다.

나는 국제적으로 인지도가 있는 대학원(예를 들면 스탠포드나 매사추세츠 공과대학 등)의 경영학 석사와 같은 일부 예외를 제외하면 학위 취득이 전직의 도구가 되지 못하리라고 본다. 아니 오히려 회사를 그만두고 대학원에 다니는 사람은 재취업 시 고생할 각오를 해두는 편이 좋을 것이다.

왜냐하면 직장인 대학원 졸업자의 평가는 아직 기업에서 정해지지 않았기 때문이다. 사회인을 대상으로 하는 많은 대학원은 시험과목이 많지 않아, 연구계획서를 잘 작성하고 공부할 의욕만 있으면 입학이 쉬운 편이다. 대학 측에서는 정말 공부하고 싶어 하는 사람을 받아들여 그 기회를 제공하려고 하기 때문이다. 물론 졸업도 석사논문을 써야 한다는 제약은 있지만 비교적 쉽다. 즉 엄청난 경쟁을 뚫고 일류 대학에 입학한 것을 평가할 '학력' 효과가 대학원에는 그다지 적합하지 않다는 말이다.

한편, 대학원에서 배운 것이 높게 평가되는가 하면 사실 개인차가 크고 그중에는 2년 동안 게으름만 피우는 사람도 있다. 그러나 어디까지나 개인별 평가에 불과하다. 즉 전직에 유리할 것이라는 목적으로 대학원에 가는 것은 큰 의미가 없다.

그렇다고 직장인이 대학원에 다니는 것을 전혀 쓸데없는 일이라고 말하려는 것은 아니다. 오히려 업무와의 균형을 고려하면서 도전할 것을 권하고 싶다. 막연하게 생각하는 전문 분야에 대해 실천뿐만 아니라 이론까지 보강할 기회로 대학원만큼 이상적인 곳은 없지 않을까. 또한 자신의 경력에 대하여 잠시 생각해 보고 싶은 시기에 비슷한 환경에 있는 다른 업계의 사람들과 충분히 논의를 해볼 수 있는 좋은 기회도 된다.

업무에 필요한 문장력, 논리적 사고력, 프레젠테이션 기술, 토의력 등의 지적 기능을 익힐 기회를 얻을 수 있다면 아주 유효한 시간이 될 것이다. 하지만 목적을 잘못 생각하면 애써 투자한 2년이라는 시간과 적지 않은 수업료가 매우 아깝다는 말이다.

그림1-1 대학원생 수의 추이

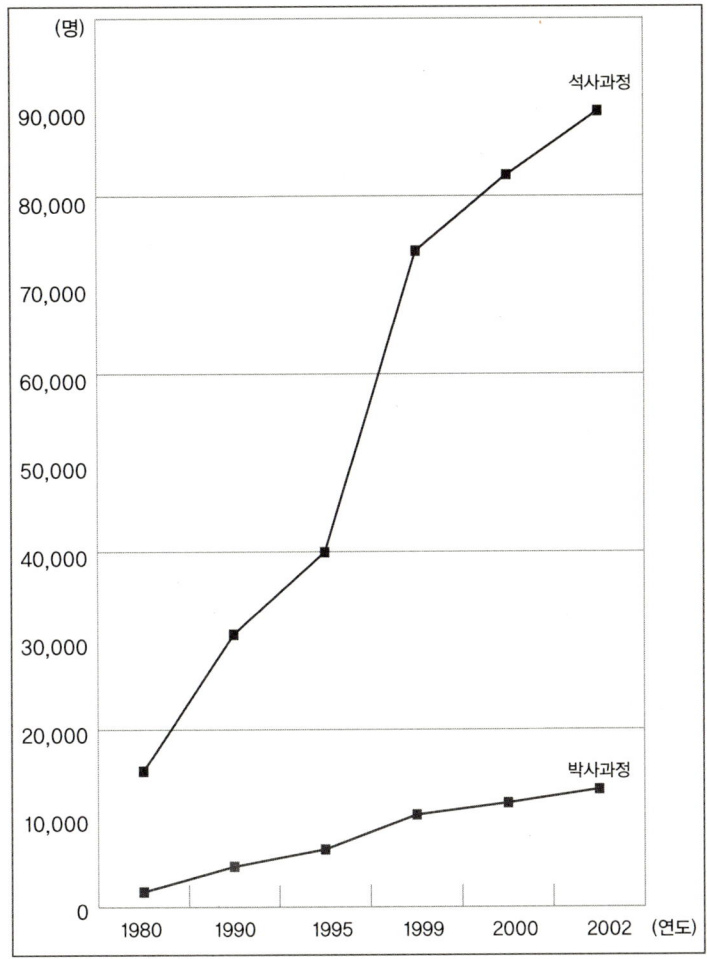

출처: 교육인적자원부 · 한국교육개발원 「교육통계연보」

3. 자격증만 있으면 된다?

업무에 필요한 능력과 취직이나 전직에서 플러스가 되는 능력이 명확하지 않아서 일단은 무언가 자격증만 있으면 유리하다고 생각하는 사람이 많다. 하지만 자격증 보유를 응모 조건으로 하고 있는 구인광고는 의외로 많지 않다. 따라서 자격증이 전직에 유리하다는 '상식'은 의심해 볼 필요가 있다.

우리나라의 자격증은 크게 국가공인자격, 민간공인자격, 국제공인자격의 세 가지 종류가 있다.

국가공인자격은 의사, 약사, 변호사, 법무사, 변리사, 세무사, 공인회계사, 공인노무사, 관세사, 감정평가사, 건축사 등 733가지가 있다. 국가공인자격은 그 자격을 얻지 못하면 그 직업을 갖지 못하므로 무슨 일이 있어도 취득해야 한다. 거꾸로 말하자면 그 직업을 선택하겠다고 결정하지 않는 한 필요가 없다.

민간공인자격은 비서, 사서, 번역사, 멀티미디어전문가, 네트워크관리사, 사회복지사, 웹마스터전문가, 웹프로그래머, 전자상거래운용사, 정보검색사, 투자상담사, JPT, TEPS, SEPT, S-ETAT 등 162가지가 있다. 국제공인자격은 공인관리회계사, 국제감정평가사, TOEIC, TOEFL, G-TELP 등 87가지이다.

많은 사람이 취직에 유리할 것이라고 취득하는 자격증은 민간공인자격증이나 국제공인자격증이다. 그러나 여기서 문제점을 하나 꼽자면 자격증은 정말 업무 능력을 명확하게 입증해 주고 있는가 하는 점이다. 물론 업무 능력의 지식에 관한 것은 자격 취득에 따라 어느 정도 증명할 수 있을지도 모른다. 하지만 많은 자격증의 경우 실무 능력은 담보하지 못하는 것이 현실이다. 그래서 자격증이 있더라도 인사권자의 입장에서는 '자격증보다 그 사람의 경험이 업무 능력을 표현한다'고 보는 경력자 중시를 하지 않을 수 없다.

게다가 취득하고부터 시간이 흐르면 진부해지고 갱신제도가 정비되지 않은 자격증이 대부분이다. 그래서 여간해서 자격증이 취직 수단은 못된다. 또 법적 의무고용조항이 있는 자격증도 전원이 가지고 있을 필요는 없으니 입사한 후에 취득해도 된다. 직업소개 창구에는 '어려운 자격증을 취득했으니 할 일이 있지 않겠는가?' 하고 호소하는 사람이 오지만 유감스럽게도 실무 경험이 겸비된 자격이 아닌 한 공을 들인 만큼 기업 측에 호소력이 없다.

그렇다면 왜 수많은 학원에서 업무 독점도 아닌 자격증 취득을 위한 코스를 다양하게 갖추고 있을까? 그 이유는 이미 그 업무에 종사하는 사람이 지식을 보완하는 차원에서 자격증을 따기 위해서다. 또 한 가지 이유는, 자격증 취득처럼 분명한 목표물이 없으면 수강생이 모이지 않기 때문이다. 업무상 필요한 능력이 누구나 이해할 수 있는 언어로 표현되어 있고 공유할 수 있다면 자격증 취득에 매달리지 않는 강좌가 늘어날 것이다.

유럽 각국에서는 최근 20여 년 사이에 다양한 직업능력평가 제도를 만들고 있다. 학습하려는 사람들의 의욕이 헛되지 않도록, 그리고 국민들의 직업능력이 효율적으로 높아질 수 있도록 만들어진 것이다. 국내에서도 제대로 된 직업능력평가제도가 도입된다면 자격에 관한 오해가 해소될 가능성이 있을 것이다.

4. '정규직'이 바람직하다?

고용형태에도 오해가 있다. 정규직이 바람직한 근무방식이며 정규직이 되는 것이 절대적이라는 사고방식이다.

고도경제성장 속에서 표준적 근무방식으로 정착한 것으로 국민 전체가 '샐러리맨화' 되어 있었다. 연금, 보험, 세제가 모두 정규직으로 일하는 사람을 모델로 만들어져왔다.

하지만 1990년대 후반이 되면서 급격한 변화가 일어나고 비정규직의 비율이 올라가 56퍼센트를 넘어섰고 업무위탁이나 독점판매권(프랜차이즈)처럼 고용되지 않고 일하는 길을 선택하는 사람도 늘어나고 있다. 이른바 '프리에이전트'로 불리는 근무방식이다. 무턱대고 정규직만을 고집하기보다는 다른 근무방식이나 스스로 사업을 하는 방법도 고려해 보고 선택하는 것이 좋다.

단, 각 근무방식의 장단점을 올바르게 파악하여 선택해야 한다. 프리터가 사회문제로까지 되고 있는 것은 프리터를 자유로운 근무방식으로 오해하여 선택하기 때문이며 단기간에 끝내면 다행이지만 여러 해 계속하면 손해라는 것을 분명하게 이해하지 못하기 때문이다.

반대로 프리터의 실태를 파악하고 있는 상태에서, 예를 들면 음악인으로 살기 위해서 한때 프리터를 선택하고 생활비를 벌겠다는 생각이면 그것은 훌륭한 하나의 선택일 수 있다.

또한 실패할 가능성을 각오하고 과감하게 사업을 하려는 사람이 좀더 나와도 좋다. 성공하든 실패하든 샐러리맨으로 있는 것보다 훨씬 밀도가 높은 경험이 쌓일 것이다. 물론 성공하면 명예와 재산을 손에 넣을 수 있다.

다양한 근무방법이 있으니 그중에서 자신에게 적합한 최선의 근무방식을 선택하는 것이 중요하며 정규직만 고집할 필요는 없다.

표1-1 정규-비정규근로자의 월평균 임금 비교

(단위 : 천 원 / 월, %)

	2000	2001	2002	2003	대비[7]
임금근로자	1,143	1,242	1,325	1,467	72.8
정규근로자[1]	1,283	1,389	1,462	1,694	84.1
상용직	1,554	1,672	1,788	2,014	100.0
임시일용직	888	919	978	1,064	52.8
한시근로자[2]	1,022	1,007	1,090	1,154	57.3
대안적 근로자[3]	714	787	868	847	42.1
비정규근로자[4]	813	877	955	1,001	49.7
정규근로자[5]	1,283	1,393	1,474	1,694	84.1
비정규근로자[6]	813	829	869	897	44.5

조사개요

● 조사대상

1. 근로지속이 가능한 무기계약근로자(협의의 정규근로자)
2. 근로지속이 가능한 무기계약근로자를 제외한 모든 유기 또는 무기계약근로자
3. 시간제근로, 파견근로, 용역근로, 독립도급근로, 일용대기근로 및 재택근로 포함
4. 한시근로자와 대안적 근로자(광의의 비정규근로자)
5. 근로지속이 가능한 무기계약근로자와 근로지속이 가능한 유기계약근로자 가운데 계약기간이 1년 이상인 자(광의의 정규근로자)
6. 정규근로자를 제외한 모든 근로자(협의의 비정규근로자)
7. 근로지속이 가능한 무기계약 근로자(협의의 정규근로자) 중 상용직을 기준

출처 : 통계청, 『경제활동인구조사』 부가조사, 각년도 원자료

5. 35세를 넘으면 전직이 힘들다?

35~40세 정도를 응모조건의 상한선으로 한 구인광고가 많은 것은 사실이다. 이와 같이 구인에 대한 상한 연령을 두는 것은 바람직하지 않다는 취지에서 연령차별금지의 법제화를 진행시킬 움직임도 있다.

과연 35세나 40세를 넘으면 새로운 직장을 찾을 수 없는 것일까? 조금 더 엄밀히 살펴보자. 중도 채용에는 크게 나누어 '포텐셜potential 채용'(잠재능력 채용/가능성에 기대한 미경험자 채용)과 '커리어 채용'(경험과 실적의 평가로 즉시 투입력이 가능한 경력자 채용)이 있다. 대표적인 포텐셜 채용은 신규 졸업자를 대상으로 한 신입사원 채용으로 장래의 가능성을 기대하여 처음부터 키우는 것이다.

20대에는 포텐셜 채용이 많지만 30세를 넘기면 미경험자 채용은 줄어든다. 그렇기 때문에 전혀 새로운 분야에 도전하려면 30세 전후에 결단을 내려야 한다. 30대의 채용은 주로 특별한 교육을 시키지 않아도 곧바로 현장에 배속되어 OJTOn the Job Training(실무투입연수)로 몇 달 안에 제몫을 하며 활약해 줄 인재를 중심으로 채용한다.

직업별로 제몫을 할 수 있기까지의 기간을 제시한 표를 보면

표1-2 제몫을 하기까지 필요한 기간

	6개월 미만	6개월~ 1년 정도	1년~ 3년 정도	3년~ 5년 정도	5년이상
TOTAL	9.5%	19.1%	22.1%	30.0%	10.2%
운전직	32.2%	36.2%	11.8%	10.9%	1.5%
일반사무	15.9%	27.0%	24.7%	20.5%	5.2%
생산 공정 작업자	10.8%	23.4%	22.1%	28.5%	6.2%
간호 · 복지 전문직	7.1%	15.4%	23.1%	34.5%	4.3%
영업	5.3%	20.6%	30.1%	34.1%	5.5%
금융 스페셜리스트	4.6%	13.1%	33.1%	36.2%	6.2%
재무, 회계, 경리	6.2%	18.8%	29.8%	30.3%	9.6%
조리사	8.3%	15.0%	14.4%	31.7%	18.4%
컴퓨터 기술자	2.4%	6.5%	23.1%	50.0%	10.7%
이발사 · 미용사	0.0%	7.1%	13.4%	47.3%	14.3%
연구개발	4.3%	7.7%	19.7%	37.6%	22.2%

출처: 워킹 퍼슨 조사 2002년(리쿠르트 워크 연구소)

알 수 있겠지만 대부분의 업무는 제몫을 하기까지 몇 년은 걸
린다. 그래서 기업에서는 그렇게 시간이 걸리지 않아도 되는
사람, 이미 업무 경험이 많아 그 회사의 독자적인 지식이나 업

계의 지식만 마스터하면 되는 사람을 선호하여 중도 채용한다.

여기서 중요한 것은 그 회사의 독자적인 지식, 즉 '기업 특수적 기능'의 존재다. 그 회사의 단독의 의사결정 시스템이나 업무의 판단 기준, 상품 등에 관한 지식, 그 회사 단독의 기술, 사내 인맥 등을 총칭하여 '기업 특수적 기능'이라고 한다.

가령 한 회사에 20년간 근무했다고 하자. 충분히 제몫을 하는 사원으로 매일 업무를 잘해내고 있다고 하자. 하지만 그렇게 업무를 잘하는 이유가 '기업 특수적 기능'이 있기 때문인지, 아니면 '일반적 기능'이 있기 때문인지를 되돌아보지 않으면 안 된다.

만일 어디에 가든 통용될 수 있는 일반적 기능의 비율이 절반이고 나머지는 기업 특수적 기능을 가진 사람이 전직한다면 절반의 재산을 잃어버리는 것이다. 전직을 희망하는 회사에서 장기간 근무하던 사람과 경쟁하는 것은 매우 어려운 일이다. 인사권자의 시점에서 보면 '그 핸디캡을 넘어서 채용하려는 일반적 기능이 어느 정도 있을까?' 하는 점이 채용 여부의 기준이 된다.

기업 특수적 기능의 비율은 그 회사나 직업에 따라 달라진다. 개인차도 당연히 적지 않다. 전직을 생각한다면 자신이 사회의 기준으로 어느 정도의 가치가 있는지, 어느 정도의 일반적 기능을 가지고 있는지 확인해야 한다. 동시에 착실하게 키워두지 않으면 안 된다.

그렇지 않으면 35세를 넘어서의 전직은 고전을 면치 못할 것이다. 아무 생각 없이 당장 눈앞에 닥친 조기퇴직제도에 덥석 신청해 버리면 그 후에는 심각한 현실과 장기 실업의 위험이 기다릴 것을 각오해야 한다.

반대로 35세 이후의 전직에 제대로 된 결과를 얻으려면 두 가지 조건이 있다. 하나는, 회사의 틀을 넘어서 통용될 수 있는 전문 분야를 갖는 것이다. 이는 하루아침에 만들어지는 것이 아니므로 계획적으로 키워야 한다. 제2장의 12가지 기초력에서 '전문 구축력'으로 다루고 있으므로 참고하기 바란다.

그리고 당신의 특기를 살펴 원하는 회사가 어디일지 냉정한 눈으로 시장을 관찰해야 한다. 같은 능력이라도 필요로 하는 회사와 필요로 하지 않는 회사가 있기 때문에 자신의 특기를 높이 평가해 주는 회사를 찾는 것은 아주 중요하다.

또 하나는, 리더로서의 경험과 기술을 확실하게 연마해 두는 일이다. 30대 후반 이후의 채용은 처음부터 관리직으로 기용되거나, 그렇지 않으면 가까운 장래에 관리직으로 등용시킬 것을 전제로 한 채용이 된다. 구인의 경계점이 35~40세에 있다는 것은 일반직과 관리직의 경계가 거기에 있기 때문이다. 관리직으로서 팀원을 이끌 인재라면 나이의 벽은 관계없다. 오히려 어느 정도의 연령으로 실무경험을 쌓은 편이 좋다. 그러기 위해서도 뒤에서 소개할 12가지 능력 중에서 특히 '문맥 이해력' '위임 능력' '상담 능력' '목표발견 능력' '인맥 개척력' 등을 연마해 두기 바란다.

나이에 따른 차이는 사실 업무상에서는 필요 없다. 정년과 연공서열을 모두 없애고 진정한 실력주의로 하는 것이 좋겠지만 나이와 경험의 축적이 필요한 업무도 많다. 그 능력을 익히면 구인의 상한연령은 더 이상 염려할 필요가 없다. 나이의 벽은 그다지 두려운 조건이 아니다.

6. 조직 관리를 못하면 전문직?

많은 비즈니스맨들은 30대 후반에서 40대 초반에 하나의 선택을 경험한다. 제너럴리스트로서의 경영간부를 목표로 할지, 스페셜리스트로서 특정 분야의 전문가가 될지 하는 선택이다. 선택한다기보다 출세 경쟁대열에 설지 떨어질지에 따라서 자동적으로 결정 여부가 달린 경우가 많다.

조직경영 연구자인 남캘리포니아 대학의 드라이버 교수가

발표한 경력관리 모델을 살펴보자. 표에 있듯이 네 개의 경력 관리 컨셉이 있는데 그 중에는 최고 경영진으로까지 올라 영향력을 확대해 가는 '리니어Linear형'과 전문가로서 사외에서도 인정을 받는 '스테디 스테이트Steady State형' 등이 있다.

전체적으로 전문가 지향이 강해지는 사람과 40대 후반부터의 출세 지향은 일부 사람에게 집약되어 가는 것을 알 수 있다. 오해의 원인은 이 분기점에 있다.

기업 내에서 전문가를 지향하는 사람은 조직의 장長으로서 관리하는 일에 서툴러 자신의 전문 능력에 따른 개인적 성과를 올리려는 케이스가 많다. 그런데 그 전문 능력이 전문가로 불릴 만큼의 전문 기술과 전문 지식을 갖는 데 이르지 못하고 그저 한 가지 일만을 반복하는 직무가 전부인 전임직의 수준에 머물러버리기 십상이다. 이때 전문가가 되는 것과 조직을 관리하는 것을 대립적인 개념으로 보는 것은 절대로 옳지 못한 일이다.

뛰어난 프로가 되려면 매니지먼트 능력이 반드시 필요하다. 혼자서 가능한 일에는 한계가 있다. 프로젝트 리더와 같은 입장에서 많은 힘을 결집하여 고도의 업무를 성취하지 않으면 안 되는 경우가 있기 때문이다. 연구자나 편집자, 기술자도 마찬가지다. 조직 관리가 가능하니 제너럴리스트로, 불가능하니 스

표1-3 드라이버 교수의 경력관리 모델로서의 나이별 구성비(%)

경력관리 모델	스테디 스테이트형 전문가로서 사외 에서도 인정을 받는다.	리니어형 최고 경영진으로 까지 올라 영향 력을 확대해 나 간다.	스파이럴형 10년 정도의 주 기로 새로운 일 에 대해 자신의 가능성을 넓힌다.	트랜지스터형 새로운 업무에 계속해서 도전해 간다.
전체	51.9	9.7	24.9	10.8
18~24세	51.3	13.8	16.5	16.2
25~29세	50.7	10.8	23.5	13.1
30~34세	46.0	10.1	30.9	11.0
35~39세	47.6	9.6	30.7	10.2
40~44세	50.7	9.7	28.3	9.4
45~49세	54.1	7.9	26.4	8.8
50~54세	57.7	6.8	24.9	6.9
55~59세	0.0	6.6	21.4	6.6

출처: 워킹퍼슨 조사 2000년(리쿠르트 워크 연구소)

페셜리스트로 선택을 했다면 그 후의 높은 성장이나 커다란 활약은 예상할 수 없다.

그와 반대로 제너럴리스트의 길을 선택한 사람은 전문가를 잘 활용할 수만 있다면 자신은 전문가가 아니어도 상관없다는 사람도 많다.

그러나 경영이나 조직 관리는 전문가가 아니어도 상관없을까? 경영간부의 길을 목표로 한다면 경영의 전문가가 되어야 한다. 재무와 회계 지식, 마케팅 지식, 인재 관리 지식, 경영 전략론의 주요 계보, 리스크 관리 지식, 상법의 기초 지식, 경영철학, 그리고 업계 내외의 관계자, 경영자와의 인맥 등이 있어야 경영간부(후보)가 될 수 있다.

기껏 과장, 부장이 끝이면 곤란하다. 현재 우수한 경영자가 자라지 못한다든지 차세대를 짊어질 리더가 없다고들 하지만 그것은 경영자를 키우는 구조가 없는 점과 경영자를 전문가로 취급하지 않는 점이 커다란 원인이다.

이제 당신의 경력관리에 대해 좀더 본질적으로 생각해 볼 필요가 있다. 그래서 나는 지금부터 어떠한 경력을 만들어가려는 사람이든 누구에게나 공통된 '경력관리의 진실'에 대하여 이야기하려고 한다. 그것은 당신의 경력을 지탱해주는 진정한 힘에 대한 이야기다.

나는 경력관리를 '일로 높은 성과를 올리기'와 '일을 즐기기'의 두 가지로 양립시키면서 살아가는 직업 인생이라고 생각한다. 그러기 위해서는 적절한 타이밍(연령대)에 적절한 학습을 해나갈 필요가 있다.

앞으로 소개할 12가지의 기초력!

이 능력을 축적해 나가면 당신은 평생 동안 일을 즐기면서 좋은 평가를 받으며 인정받는 경력을 쌓을 수 있을 것이다.

앞으로 일을 시작할 사람은 인생의 설계를 한다는 각오로, 오랜 기간 일해 온 사람은 자신의 성장을 체크한다는 자세로 읽어주기 바란다. 그리고 만일 자신에게 충분하지 못한 부분이 있다면 꼭 익힐 수 있도록 도전해 보기 바란다.

이 12가지의 기초력을 다지면 당신의 성공 확률은 크게 상승할 것이다.

제2장

프로가 되는 자기경영을 위한 12가지 기초력

취직에 관련된 일을 하며 항상 느끼고 있은 것은 기업이 정말 채용하고 싶어 하는 인재상과, 구직자 한사람 한사람
이 취직하기 위해 익히려는 기능 사이에는 뚜렷한 부조화가 존재한다는 것이다. 그것은 갓 졸업한 새내기
의 신규 취직시에 가장 두렷하게 나타나는데, 그 부조화는 사회 경험을 쌓은 후의 전직에서도
나타나고 있고 승진과 승객 등의 인물 평가에서도 보이고 있다. 누구나 얼로시 즘다
성공하고 싶고, 평가 받고 싶어 한다. 자신의 좋은 점을 발휘하여 좋아하
는 일을 즐겁게 하고 싶어 한다. 그렇게를 생각하고 있음에 뭄
림없을 것이다. 그렇게 되기 위하여 그때그때 주어
진 일을 통하여 새로운 기능을 익히거나
매로는 책을 읽기도 하고 학
교에 다니면서 하
습을

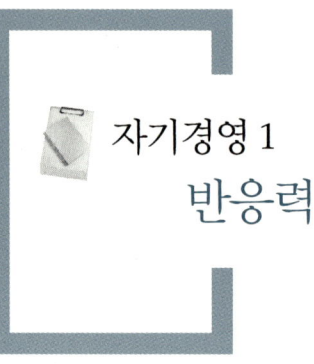

자기경영 1
반응력

정의	상대방의 말에 자신이 반응하고 있음을 상대가 알 수 있도록 표현하는 힘으로, 가장 기초적인 커뮤니케이션
표준개발연령	10~20대
만일 이런 능력이 없다면	무슨 생각을 하고 있는지 알 수 없는 사람으로 보이며, 정보가 모여들지 않는다
관련 능력	호감을 주는 능력, 문맥 이해력

회의에 참가해도 전혀 존재감이 없는 사람이 있다. 물론 한마디의 발언도 하지 않는다. 그런데 그저 발언만 하지 않는 것이 아니다. 과연 회의에 참가했는지조차 기억나지 않을 정도로 존재감이 없는 사람. 그런 사람이 주위에 있

는지 생각해 보자.

반대로 당신이 회의에 참가했고 절대적으로 눈에 띄고 싶지 않다면 어떻게 하겠는가? 물론 한마디의 발언도 하지 않는다. 아마도 눈을 내리깔고 발언자와 눈을 마주치지 않으려 하며 듣는 둥 마는 둥 하는 태도로 메모하고 있는 것처럼 보이지 않을까.

회의 장소에서 존재감이 없어 보이게 만드는 것은 비교적 간단하다. 발언하지 않고, 소리도 내지 않고 표정도 바꾸지 않으면 된다. 그것을 무의식중에 하고 있다면 그 사람은 회의에 참가할 가치가 없는 사람이라는 딱지가 붙을 것이다. 혹시 당신이 그런 사람은 아닌지 잘 생각해 보기 바란다.

학창 시절, 수업 시간에 선생님의 이야기를 당신은 어떻게 듣고 있었는가? 가능한 한 찍히지 않도록, 시선이 마주치지 않도록 애쓰지는 않았는가? 선생님이 어떤 말을 걸어와도 '알겠습니다'나 '모르겠는데요' 하는 아무런 반응도 없이 한쪽 귀로 듣고 한쪽 귀로 흘려보내지는 않았는가?

수업시간이나 회의시간에는 상대적으로 한 사람 한 사람의 역할은 작아진다. 정말 '그저 있을 뿐'인 존재가 되려면 될 수 있다. 지극히 간단하고 아주 편한 일이다. 하지만, 그런 '습관'이 몸에 배어버리면 매우 곤란하다. 지금 당장 고쳐두어야 한다.

표정으로 말한다

사람과 사람 사이의 커뮤니케이션은 대화만으로 성립하는 것은 아니다. 언어에 의지하지 않은 커뮤니케이션을 '논 바벨 (비언어) 커뮤니케이션'이라고 하는데 여기서는 오히려 비언어 커뮤니케이션이 중요하다.

심리학자 멜라비언은 상대가 자신을 좋아하는지를 간파하는 데 무엇을 중시하여 판단하는지를 실험해 보았다. 그 결과, 다음과 같은 매우 흥미로운 공식이 나왔다.

대인태도 = 표정 55% + 음성 38% + 대화 7%

상냥한 표정이나 굳은 표정으로 '좋다'거나 '싫다'고 이야기 해본 결과, 정작 대화의 내용은 7퍼센트밖에 영향을 미치지 못했고 오히려 압도적으로 표정에 의해 상대가 자신을 어떻게 생각하고 있을까를 판단한다는 것이다. 연인 사이는 이야기하고 있는 내용을 듣지 않아도 서로의 표정을 보면 안다. 반대로 눈앞에 있는 사람이 굳은 표정으로 있으면 자신에 대해 호의가 없음을 분명히 알 수 있다.

그 정도로 표정은 웅변임에도 불구하고 회의나 수업을 할 때 자신은 수동적인 상태로 아무런 정보를 발신할 필요가 없다고 생각해 버리기 십상이다. 굳은 표정을 하고 있어서 존재감이 없을 뿐만 아니라 어쩌면 주위 사람에게 '저 사람은 회의의 결정에 불만이 있는 건가?' 하는 쓸데없는 걱정까지 끼치고 있을지 모른다.

커뮤니케이션이라는 것은 언어만이 아니다. 그 이상으로 표정이나 동작을 잘 표현하지 못하면 원활한 커뮤니케이션을 기대할 수 없다.

끄덕이는 기술

가장 간단하고 매우 효과가 있는 커뮤니케이션 방법은 끄덕이는 것이다.

'당신의 이야기를 듣고 있습니다' '당신의 이야기에 흥미를 가지고 있습니다' 하는 것을 '끄덕이는' 태도로 표현하는 것이다. 간단하고 누구나 할 수 있는 일이다.

간단한 데 비해 끄덕이는 커뮤니케이션의 효과는 절대적으로 커서 상대에게 이야기를 끌어내도록 하는 효과가 있다. 커뮤니케이션의 촉진제가 되는 것이다.

또 다른 실험을 소개해 보겠다.

심리학자 마타라조의 실험으로 경찰관과 소방관 채용 면접에서 행해진 것이다. 1인당 45분의 면접을 각각 학력, 가족, 직업 경력에 대하여 15분 단위로 셋으로 나누어 어느 때는 평범한 표정으로 듣고, 어느 때는 지원자가 이야기할 때마다 반응을 보이며 크게 고개 끄덕이기를 15분 사이에 계속했다.

순서를 바꾸면서 많은 샘플을 가지고 분석해 보니 면접관이 끄덕여준 지원자의 85퍼센트가, 그렇지 않았을 때와 비교하여 발언 수가 증가했다. 그 결과 발언의 양은 50퍼센트 늘어났다. 상대가 끄덕여주는 것을 보고 '내 이야기에 흥미를 가져주고 있구나' 하고 생각하면 이야기하기가 쉬워져 자꾸 말을 하고 싶어지는 것이다.

나는 강연이나 강의를 할 기회가 많은데, 이 끄덕임의 효과를 깊이 실감하고 있다. 강연장에서 고개를 끄덕여주는 사람이 일정 인원 이상이 되면 이야기가 열성적으로 되고 점점 흥이 나는 것을 느낀다. 반대로 거의 반응이 없을 때는 마치 객석의 사람들이 누워 뒹굴며 TV 보듯이 나를 보고 있다는 생각이 들어 말할 기운이 쫙 빠진다. 어쩌다 한 사람 고개를 끄덕여주는 사람이 있으면 바로 그 사람 쪽으로 시선이 가버리고, 마치 그 사람을 위한 강연이 된 듯한 기분이다.

200명 남짓 모인 강연장에서는 강단에 서면 자신은 보이지 않을 거란 착각에 빠질지 모르겠지만 실제로는 한 사람 한 사람이 아주 잘 보이며 '저 사람은 지금 하품했다'라든지 '졸린 얼굴을 하고 있네'라든지 '아, 메모를 하고 있구나' 하는 등 모두 알 수 있다. 강연은 듣기만 하는 일방적인 것이 아니라 강연장에 있는 사람들도 참가하는 것이다.

음악이나 연극 등도 마찬가지다. 객석의 반응이 좋으면 연기자는 점점 분위기가 무르익어 좋은 퍼포먼스를 보여준다. 연기자는 좋은 퍼포먼스를 보고 싶어 하는 객석과의 공감 작업에서 더욱 무르익어간다.

반응이 없는 고교생

고교생을 채용하고 있는 기업이 고교생의 능력[1]에 대하여 만족하고 있는지를 물은 조사가 있다(고교졸업자의 신규 채용에 관한 앙케트 조사 2003). 이 조사에 따르면 고교생의 커뮤니케이션 능력에 대하여 만족한다고 답한 비율은 10퍼센트에 불과했으며, 대다수의 기업이 불만이라고 답했다.

너무 낮아서 의아한 생각에 몇몇 기업의 채용 책임자에게 실제로 어떤지를 물어본 적이 있다. 그 공통점은 '반응이 없다'는 것이었다. 이것은 채용하여 육성하기 이전의 문제로, 도저히 그런 점을 눈감아주고 채용할 수 없다는 것이었다.

나는 고교생의 커뮤니케이션 능력이 모두 낮다고는 생각지 않는다. 성인들보다 화상이나 기호를 사용한 커뮤니케이션 기술이 익숙하고, 커뮤니케이션 의욕도 낮지 않다고 본다. 하지만 상대의 이야기에 가볍게 응답하는 기술은 없었다. 간단한 말과 표정으로 반응을 보였다면 분명 커뮤니케이션 능력이 낮다는 취급을 받지는 않았을 것이다.

응답을 하는 것, 이는 상대의 이야기에 분명하게 반응하는 것을 일상적으로 훈련하지 않았기 때문일 것이다. 상대의 이야기를 흘려들어도 문제없는 관계가 부모나 선생님과의 사이에 만들어졌기 때문이다. 현대 사회에서 '요즘 젊은 애들은…' 하는 논조의 배경에는 반응이 없는 젊은이에 대한 불신감이 있어서라는 생각이 떠나지 않는다.

맞장구로 대표되는 반응력이 낮으면 이야기를 하고 있는 상대는 '대체 저 사람이 지금 무슨 생각을 하고 있는 걸까' 하는 기분을 떨칠 수 없다. '지금 내가 한 말을 알아들었니? 아는 거야, 모르는 거야?' 하고 들이대고 싶어진다. 그런 인상을 주면 상대는 더 이상 커뮤니케이션을 취하려는 의욕이 떨어진다. 그것은 주위와 협력하면서 일을 진행시켜 가는 데 매우 큰 마이너스로 작용한다.

상대의 이야기에 분명하게 반응을 보여 그 상대가 알 수 있도록 표현하지 못해서, 끄덕이는 습관을 들이지 못해서 커다란 것을 잃는 셈이다.

반응력이 정보 수집력을 좌우한다

젊은이를 예로 들었지만 현실적으로 젊은이들만의 문제는 아니다. 말할 의욕을 떨어뜨리는 강연 중에는 연장자도 많이 있다.

반응이 없는 이유 가운데 하나는 원래 강연을 제대로 들을 마음이 없는 사람이 강연장에 와 있는 경우다. 회사에서 나가라고 하니 마지못해 시간이나 때우려고 나오는 사람이다.

강연 내용에서 하나라도 얻어가겠다는 의욕이 없으면 강연은 단순한 배경음악이 되고 만다. 그런 사람에게는 오후 한때 여유롭게 공부하는 '척'을 하는 장소다. 그런 사람은 절대로 질문을 하지 않기 때문에 들은 이야기가 오른쪽 귀로 들어갔다 왼쪽 귀로 빠져나가도 아무렇지 않을 것이다.

또 하나는 거의 다 아는 내용이라 시시하다는 마음으로 찾아
오는 사람이다. '그건 당연한 거지, 대충 상상은 할 수 있어, 내
가 듣고 싶은 말은 이런 게 아니야' 하고 생각하면서 이야기를
듣고 있으면 누구든 무표정할 수밖에 없다.

기업 경영자를 보아도 반응력이 있는 사람과 없는 사람으로
명확하게 나뉜다. 끄덕이면서 이야기를 듣는 사람은 잘 듣는
사람이다. 그런 사람에게는 나도 모르게 필요 이상의 정보를
제공하고 만다. 그런 사람은 아마 사원들의 이야기를 들을 때
끄덕이며 물어보기도 하면서 정확하게 현장의 정보를 수집할
것이다.

반대로 전혀 반응을 보이지 않고 '그런 건 나도 이미 다 알고
있어' 하는 표정으로 일관하는 사람이 있다. 그런 경영자에게
는 중요한 정보가 모이지 않는다. 그러다가 자칫 경영자인 사
장만 모르는 결과를 초래할 수도 있다.

모든 이야기는 질문을 하겠다는 생각으로 듣는다

반응력을 연마하려면 어떻게 하면 좋을까? 끄덕이는 것은 누
구나 의식하고만 있으면 쉽게 할 수 있는 일이기 때문에 새삼

스레 연마할 방법을 생각하지 않아도 된다.

중요한 것은 스스로 어떤 반응을 보이는지 1 대 1 커뮤니케이션을 할 때는 물론, 회의장이나 수업, 강연장에서도 신경 써서 보고 있는 사람이 있다는 것을 자각하는 점이다. 집에서 텔레비전을 보거나 게임을 할 때처럼 생각하면 안 된다. 주위 사람에게 조금만 주의 깊게 자신에 대해 어떤 기대를 하고 있는지 객관적으로 파악하는 습관을 들이도록 한다.

상대의 눈을 보고 커뮤니케이션을 취하는 것도 중요하다. 상대의 눈을 보고 있으면 비교적 자연스러운 반응을 보일 수 있다. 그리고 무언가 질문하려는 마음으로 들으려는 자세가 필요하다. 그런 마음이 상대에게도 전달되면 같은 시간 같은 사람의 이야기를 들어도 흡수하는 농도가 그렇지 않는 경우와는 전혀 다르다.

반응을 보이는 것은 상대에게서 정보나 능력을 끌어내는 것이라는 점을 충분히 이해하고 의도적으로 크게 반응을 해본다. '당신의 이야기에 흥미가 있다', '좀더 듣고 싶다'는 표정을 지으면 당신에게 자연스럽게 정보가 모인다.

표2-1 강연회나 연구회에서 적절히 질문을 하기 위한 포인트

'질문하겠다는 생각'을 대전제로 하고 듣는다. 질문을 포함하여 자신의 지식이 되도록 그 자리를 최대한 살리려는 태도가 중요한데 다음과 같은 포인트에 주의하여 들으면 더욱 좋을 것이다.

포인트 1	강사가 누군지 미리 알고 있을 때는 그 사람의 저서나 발언한 내용 등에 대해 훑어보고 강연에서 그 강사에게 묻거나 확인하고 싶은 테마를 가지고 참가한다.
포인트 2	강사의 말을 그대로 받아들이지만 말고 '정말 그럴까?'하는 의문을 가지고 듣는다.
포인트 3	질문은 대체로 '반론', '확인', '전개'의 세 종류로 나뉜다. 내용 어딘가에 의문이 생기면 솔직하게 부딪쳐 강사의 생각을 묻는 '반론', 나는 이렇게 이해를 했는데 맞는가 하고 묻는 '확인', 그럼 이런 케이스는 어떨까 혹은 구체적으로는 어떤 사례가 있는가 등을 묻는 '전개'이다. 어떤 종류의 질문을 할지 강연을 들으면서 좁혀간다.
포인트 4	가능한 한 처음에 질문을 하도록 한다. 처음에는 남을 의식해서 손을 드는 사람이 적기 때문에 지명을 받기가 쉽고 다른 사람과 비슷한 질문을 할 염려도 없다.
포인트 5	예의상 먼저 강연에 대한 예를 표하고 이름을 말한 후에 질문을 한다. 혼자서 두세 가지 질문을 하지 않고 하나만 하는 것이 가장 좋다.
포인트 6	아무도 질문하지 않을 때는 강의 시간 내에 강사가 다 이야기하지 못하고 생략한 곳을 질문해 준다.
포인트 7	전체 질문 시간에 질문하지 못했을 때는 강연 종료 후에 연단으로 가서 직접 질문해도 좋다. 개별성이 높은 질문의 경우는 이렇게 하는 것이 좋을 때도 있다(강사가 저명해 먼저 퇴장하지 않는 한 대개 질문을 받아준다).

---

1) 고교생의 능력 | 고등학교를 갓 졸업한 신입사원의 능력에 만족하는 기업의 비율은 기초학력 10.1퍼센트, 태도·매너 10.1퍼센트, 커뮤니케이션 능력 10.1퍼센트, 일반 상식은 3.4퍼센트로 매우 낮아 모든 항목에서 만족하고 있는 기업은 적다는 결과가 나와 있다(고교졸업자의 신규 채용에 관한 앙케트 조사 2003).

자기경영 2
호감을 주는 능력

정의	온화한 표정이나 장난기 있는 웃는 얼굴로 사람을 끌어들이는 힘
표준개발연령	10~20대
만일 이런 능력이 없다면	지원해 주는 사람의 수가 극단적으로 줄어든다
관련 능력	반응력, 인맥 개척력, 긍정적인 사고력

두 세 마디밖에 나누지 않고 생긋 웃은 것만으로도 상대를 완전히 포로로 만들어버리는 사람이 있다. 분명 당신 주위에도 있을 것이다. 우리는 그런 사람을 호감 가는 사람이라고 부른다.

처음 만난 사람에게도 기분 좋게 '안녕하세요!' 하고 말을 걸고 엘리베이터에서 가끔 만나는 사람에게도 '건강하시죠?' '요즘 바쁘신가 봐요' 하며 웃는 얼굴로 말을 붙이는 것만으로 다른 사람과의 거리를 좁힐 수 있다.

이처럼 호감 가는 사람은 일을 하는 데에도 많은 이득을 볼 것이며, 그렇지 않은 사람은 손해를 볼 것이다. 호감이 가는 사람은 그만큼 인간관계가 쉬워짐과 동시에 작은 실수는 쉽게 용서가 된다. 그야말로 가벼운 실수는 '그것도 애교의 하나'로 관대하게 용서받을 수 있는 타입이다.

젊어도, 나이나 직책이 높은 사람에게 주저 없이 말을 붙이며 실력은 미숙해도 애정을 듬뿍 받는 사람이 있는데 이런 사람도 호감 가는 사람이다.

웃는 얼굴이 매력적이고 정중하게 남의 이야기를 잘 듣고 자신의 의견도(그것이 대수롭지 않은 의견이라 해도) 분명하게 말한다. 그런 젊은이는 연장자의 지원을 받기 쉽다. 가능하면 젊은 사람은 그렇게 하는 것이 좋다.

하지만 그렇게 말하면 흔히 '상사에게 아양을 떠는 것은 싫다'거나 '애교를 떠는 것만으로 세상이 돌아간다고는 생각하지 않는다'는 반응을 보인다. 아무래도 호감을 준다는 의미가 오해를 받고 있는 것 같다.

'남자는 가슴, 여자는 애교'라는 말이 있는데 어딘지 여성 차별적인 느낌이다. 여성은 언제나 생글생글 웃으며 귀엽기만 하면 된다는 듯한 전근대적인 가치관이 감돈다. 여성의 무기를 이용하여 자신에게 유리하게 일을 진행시키려는 마이너스 이미지를 떠올리는 여성도 있을 것이다. 하지만 호감을 불러일으키는 애교는 원래 그런 의미가 아니다.

애교는 애경愛敬에서 유래한 불교어다. 부처나 보살의 표정을 그렇게 불렀다고 하는데, 온화하고 자비로운 표정으로 누구나 경애의 마음을 품지 않을 수 없는 것을 '애경', 즉 '애교'라고 했던 것이다.

사람의 마음을 끌려고 무턱대고 아양을 떨거나 아첨하는 것과는 다르다. 황태자 부부의 첫 아기가 태어나 아이코愛子라는 이름이 결정되었을 때 고이즈미小泉 수상이 '애교가 있고 경애를 받으며 건강하게 성장하기를 바란다'고 축하 메시지를 보냈는데 그런 의미로 이해하기 바란다.

리더의 조건

마츠시타 전기산업의 창업자인 마츠시타 고노스케松下幸之助

가 설립한 정치가 양성기관으로 '마츠시타 정경숙'이 있다. 자민당의 이토 타츠야伊藤達也, 민주당의 노다 요시히코野田佳彦, 시마 사토시島聰 등의 국회의원, 마츠자와 시게후미松澤成文 가나가와 현神奈川縣지사, 나카다 히로시中田廣 요코하마 시橫浜市 시장 등의 수장들이 이곳 출신으로 차세대를 짊어질 많은 젊은 정치가가 배출된 유명한 교육기관이다. 마츠시타 정경숙은 입학금과 수업료가 없으며 연수자금까지 지급되는 학습 환경 덕분에 많은 지원자가 모여든다.

어느 신문기자가 마츠시타 고노스케에게 학생 선발기준을 물었는데 그의 대답은 '운과 호감으로 선발한다'였다. 그런 사람이 정치가가 된다면 지지하고 싶을 만큼 호감 있는 사람을 말하는 듯하다.

유권자 모두에게 자신의 정책을 이해시키고 투표로 이어지게 만드는 것은 현실적으로 불가능하다. 역 앞에서 하는 연설이나 강연회 등의 얼마 안 되는 제한된 시간만으로 이 사람에게 한 표를 던져야겠다는 생각이 들게 하지 않으면 안 된다.

미래에 장관이나 수상과 같은 책임 있는 자리에 앉아도 호감의 유무는 국민의 지지율에 큰 영향을 줄 것이다. 또한 관료나 야당으로부터도 호의적으로 받아들여지는 인물이 아니면 큰일은 하기 어렵다.

역대 수상 중에는 호감 넘치는 사람이 많다. 예를 들면 다나카 카쿠에이田中角榮 수상도 호감 있는 사람이었다. 그는 내세울 만한 학력도 없이 니이가타新潟에서 올라와 그 능력으로 불과 44세에 이케다 내각의 대장성 대신이 되었다. 과거의 대장성은 도쿄대학 출신 등 고등학력자의 집단이어서 중졸 대신의 취임에 대해 호의적이지 않았다.

그는 취임 전까지 넘치는 자료를 철저하게 파악하고 주요 숫자를 모두 암기한 후 관료들과의 첫 대면에 임했다.

게다가 독특한 사투리 억양의 둔탁한 목소리와 붙임성 있는 웃는 얼굴로 주위를 두루 보살피니 곧바로 관료들을 끌어들인 것이다.

유권자에게는 거리에서 만나면 10년 만에 만난 사람이라도 성뿐 아니라 이름까지 부르며 '그간 안녕하셨어요?'하고 말을 걸어왔으니 열광적인 지지자가 많고 압도적인 지지를 자랑한 것도 납득할 만하다.

록히드 사건 유죄 판결과 중일평화우호조약의 체결로 상징되듯이 공죄가 상반된 수상이었지만 그 호감 앞에는 많은 팬이 있었다.

오부치小淵 수상도 그랬다. 그는 대단한 전화 애용자여서, 마음이 쓰이는 사람에게는 만난 적이 없어도 직접 전화를 걸어

'오부치입니다' 했으니 전화를 받는 사람은 어지간히 놀랐을 것이다.

일명 '부치폰'(오부치 수상의 격려전화 : 오부치의 '부치' + '폰 phone' - 옮긴이)으로 유명했다. 아마도 전화를 받은 대부분의 사람은 그날부터 오부치의 지지자가 되었을 것이다.

그는 취임 당시 '식은 피자'로 비유될 정도로 혹평을 받은 적이 있었다. 그후 어느 잡지 인터뷰에서 근처에 피자를 둔 카메라맨에게 '들고 있을까요?' 하고 말하며 피자를 손에 들고 사진 촬영에 응했다는 에피소드가 있다. 나는 이 에피소드를 좋아하는데 이 에피소드야말로 오부치의 호감 가는 모습이다.

오래전에 수상 관저에서 고이즈미 수상을 만나 프리터의 실태에 대해 설명할 기회가 있었다. 돌아오려고 일어서는데 총리가 안경을 손에 들고 '아, 안경을 두고 가실 뻔 했습니다'라고 말했다. 나는 안경을 쓰고 있었기 때문에 고개를 갸우뚱하니 '아, 이건 내꺼군' 했다. '요즘 휴대전화를 두고 가시는 분들이 많아서요. 하하' 하며 계면쩍음을 감추려는 듯이 웃었다. 수상이지만 귀여운 이미지를 보여주었다.

수상은 리더 중의 리더다. 높이 오르면 오를수록 호감을 주는 능력은 빠뜨릴 수 없는 자질이 되어가고 있다.

IQ와 호감

다니엘 골먼이 쓴 『EQ 마음의 지능지수』라는 책에서 '사회에서 성공하기 위해서는 IQ가 아닌 EQ가 중요하다'라는 메시지를 빗대어 'IQ보다 호감'이라는 것도 몇 번인가 본 적이 있다.

아무리 학력이 높은 사람이라도 다 성공하는 것은 아니다. 오히려 약간 학력이 낮더라도 호감 가는 사람이 성공하고 있을지도 모른다.

물론 학력IQ도 높고 호감을 주는 사람이라면 성공은 보장받은 것과 같다.

심리학자 피터 샐로비는 EQ에 해당하는 부분을 다섯 영역으로 분류했다.

1. 자기 감정의 인식

2. 자기 감정의 조절

3. 자기 동기부여 능력

4. 타인의 감정 인식

5. 인간관계 능력

호감은 5번의 인간관계를 원만하게 처리하는 능력과 밀접하게 연결되어 있다. 예를 들면 단시간 내에 친구가 될 수 있는 일이나 매사에 긍정적이고 그룹의 조화를 깨뜨리지 않는 등의 일이다.

나는 이탈리아로 여행을 자주 가는데 거리를 걷다 보면 '본조르노(안녕하세요)' 하며 많은 사람들이 말을 걸어온다. 일단 얼굴이 마주치면 생긋 웃으며 인사를 한다. 국민 모두가 그런 습관이 몸에 밴 듯했다.

'본조르노' 하는 말을 들으면 절대로 나쁜 기분이 들지 않는다. 가볍게 말을 걸어도 될 듯한 분위기가 되고 인간관계가 부드럽게 이어질 분위기가 감돈다.

우리는 가볍게 인사하고 미소를 지으라고 해도 쑥스러워서 좀처럼 잘하지 못한다. 인사의 효용성을 좀더 생각했으면 하는 바람이다.

인사 생략은 마이너스

호감 가는 사람은 인사의 달인이기도 하다. 특별난 인사는 아니지만 '안녕하세요' 라거나 '별일 없으시죠?' 라는 말을 상

표2-2 비즈니스 매너로 본, 각 세대가 중요하게 여기는 포인트

'전화 대응' '접객 방법' '출퇴근 시의 인사'에서 세대간의 차이가 보인다				
	전체	20대	30대	40대
표본 대상 인원	281	77	100	104
1. 말씨	68.0%	68.8%	66.0%	69.2%
2. 시간 준수	44.5%	44.2%	45.0%	44.2%
3. 전화 대응	43.8%	51.9%	47.0%	34.6%
4. 행동	22.8%	20.8%	22.0%	25.0%
5. 몸가짐	22.4%	20.8%	25.0%	21.2%
6. 접객 방법	15.7%	10.4%	13.0%	22.1%
7. 대답하는 방법	13.5%	14.3%	14.0%	12.5%
8. 흡연	13.2%	11.7%	13.0%	14.4%
9. 출퇴근 시의 인사	12.5%	9.1%	7.0%	20.2%
10. 휴대전화 매너	8.2%	6.5%	11.0%	6.7%

출처: 「비즈니스 매너」 사정 2001년(스미토모 생명보험)

대의 얼굴을 보면서 또렷하게 들리는 목소리로 나눈다. 인사를
잘하는 사람은 전화도 잘 걸고 메일도 잘 보낸다. 전화 목소리
나 메일의 문장에서도 그 사람의 웃는 모습과 동작이 떠오른

다. 상대에게 유쾌함과 활기를 주는 방법을 몸으로 익히고 있는 셈이다.

하지만 이것은 사실 쉬워 보여도 여간 어려운 일이 아니다. 어쩌다 될 때가 있기는 해도 늘 잘되는 것은 아니다. 역시 습관의 축적이 필요한 일이다.

인사를 대수롭지 않게 여기고 생략하는 사람이 요즘 늘어나고 있다. 인사를 생략하고 단도직입적으로 본론으로 들어가버리는 것이다. 그래서 늘 용건만 보고 마는 경향이다. 바쁠 때 서두가 길면 초조해지기도 하겠지만 역시 인사는 대화의 윤활유이며 빠져서는 안 된다.

최근에는 메일을 주고받기 때문에 인사가 더욱 경시되는 경향이 있다. 글로 쓴 편지와 메일의 가장 큰 차이는 의례적이나마 인사말이 있는지의 여부다. 메일에서는 인사가 생략되어도 좋다는 사회의 암묵적인 동의가 있다.

그러나 그것이 그대로 얼굴을 마주했을 때의 관계에도 적용되어 당돌한 인상을 주기도 하고 무뚝뚝한 인상을 주어 때로는 무례하게 비치기도 한다.

인사하는 습관이 일상생활에서 사라진 것일지도 모른다. 가정에서 '안녕히 주무셨어요' 하는 인사하는 습관이 있다면 밖에 나가도 자연스럽게 '안녕하세요' 하고 인사를 하지만 그렇지 않으면 아무래도 자연스레 인사가 나오지 않을 것이다.

인사를 하지 않으면 손해다. 이것은 부모가 자녀에게 반드시 가르쳐야 할 사항이다.

호감 가는 사람이 된다

호감이 간다는 것은 자란 환경에 따라 키워지는 부분이 크다. 하지만 기능의 하나로 그것을 배울 수도 있다.

가령 얼굴 표정에서, 상대에게 감정을 전달하는 데 목소리나 대화 내용 이상으로 표정이 중요하다는 것은 '반응력'의 항목에서도 언급했다. 얼굴의 표정을 만드는 근육은 30여 개가 있으며 '표정근' 2)이라고 불린다. 이 근육을 단련시켜 '호감 가는 표정의 얼굴'로 만드는 것이다.

탤런트나 아나운서들은 거울 앞에서 얼굴 표정을 다양하게 만들면서 어떤 인상을 주는지를 면밀하게 체크한다. 연예인이 아니어도 자신의 웃는 얼굴에 책임을 지는 것은 호감 가는 사람이 되는 중요한 일이다.

또 하나 능숙해지는 방법은 흉내내기다. 당신 주위에 호감을 불러일으키는 사람의 화술이나 행동을 흉내내 보는 것이다. 그리고 스스로 이 정도면 좋겠다고 생각했을 때 그 정보를 입력해 두면 상대에게 좋은 인상을 연출할 수 있는 열쇠가 된다.

반복에 반복을 거듭하여 의식적으로 하다 보면 그것이 서서히 자연스러운 행동이 된다.

호감은 남녀를 막론하고 인간관계를 원만하게 하는 마법의 열쇠다. 이것을 연마해 두지 않으면 '호감이 안가는 사람' '말 붙여보기 어려운 사람'이라는 평이 내려지면서 크게 손해를 볼 수 있다.

---

2) 표정근 | 눈, 코, 입과 귀를 움직이게 할 수 있는 근육으로, 서로 작용하여 사람의 독특한 표정을 만들어낸다. 무표정한 채로 지내며 표정근을 쓰지 않으면 다른 근육과 마찬가지로 나이와 함께 쇠퇴해 간다. 호감 가는 매력적인 사람이 되기 위하여 이 표정근을 단련해 두는 것도 중요하다.

자기경영 3
긍정적인 사고력

정의	업무에 따른 스트레스에 대해 자신에게 맞는 처리방법으로 해소시켜 가는 전략적인 힘
표준개발연령	10대~50대
만일 이런 능력이 없다면	적극적으로 생각하지 못하며 때로 병이 되기도 한다
관련 능력	호감을 주는 능력, 목표발견 능력, 전문 구축력

일을 하다 보면 일상적인 스트레스가 쌓인다. 이 스트레스를 어떻게 처리하고 어떻게 적극적인 에너지로 전환시킬 수 있을까. 나름대로의 방법을 습득하는 것도 중요한 업무 능력의 하나다.

스트레스라는 말은 원래 물리학에서 온 말로 '밖에서 힘을 가했을 때 생기는 물체의 비틀림'이라는 의미다. 일반적으로는 '신체적·정신적·사회적인 자극에 반응하여 생태에 생기는 반응상태'가 스트레스의 개념이다.

스트레스의 개념을 의학세계에 본격적으로 들여온 병리학자는 셀리다. 그는 스트레스에는 피해가 적고 오히려 성장발달에 필요한 순기능적인 스트레스(=유스트레스/eustress)와 아주 해로운 역기능적인 스트레스(=디스트레스/distress)가 있다고 한다. 어떤 종류의 긴장감(유스트레스)이 '연습을 거듭한 결과 드디어 성공을 거머쥐는 포지티브한 원동력'이 되는 경우도 있으므로 모든 스트레스를 나쁜 것이라고는 할 수 없다. 하지만 대부분의 사람들은 외부의 압력이나 인간관계의 문제 등을 디스트레스로 받아들여서 정신적으로 불안감을 느낀다.

'일 때문에 심한 불안, 고민, 스트레스가 있다'는 사람이 많지만, 스트레스는 일을 하는 한 피할 수 없는 것이다.

스트레스 코핑

스트레스에 대처하는 것을 '스트레스 코핑' stress coping 이라고 한다. 최근에는 정신건강의 중요성이 커지면서 스트레스 코핑 강좌에 직원들을 참가시키거나 연수에 참가시키는 기업이 늘어나고 있다.

스트레스의 해소 방법은 크게 두 가지로 나뉜다. 적극적으로 스트레스에 대항하거나 소극적으로 스트레스를 피하는 것이다. 소극적 스트레스 해소법은 다시 크게 네 종류가 있다.

1. 포기한다

후회해도 소용없을 때는 포기할 수밖에 없다. 아무리 조마조마해 봐야 아무것도 되는 일이 없다. 중요한 프레젠테이션 자리에서 큰 실수를 저질렀다 해도 시계바늘을 되돌려서 어떻게 해볼 수 있는 일이 아니다.

2. 잊는다

당분간 스트레스의 원인이 된 문제에 대해 생각하지 않는다. 대부분의 스트레스는 생각하지 않으면 옅어진다. 괴로운 인간관계가 얽혔을 때는 그 사람을 떠올리지 않도록 한다.

3. 남의 책임이라고 생각한다

마음속으로 '이건 누구누구의 책임이다' 하듯이 책임을 전가

시키는 것이다. 모든 것을 자신이 짊어졌다가는 몸과 마음이 엉망이 되고 만다. 그러나 새로운 스트레스의 원인을 만들 수 있기 때문에 마음속으로만 생각하는 것이 포인트다.

4. 기분전환을 한다

술을 마시거나 쇼핑, 숙면을 취하는 것도 좋고, 노래방에 가서 목청껏 노래를 부른다든지, 스포츠, 여행 등 좋아하는 일을 찾아 기분을 전환시킨다. 가벼운 스트레스는 기분전환으로 해소된다.

이러한 방법 가운데 당신에게 맞는 방법을 고른다. 물론 몇 가지를 함께 하는 것도 좋다. 소극적 스트레스 퇴치라고 하면 물러나는 게 아니냐고 할 수도 있겠지만 분명히 스트레스를 해소하는 데 중요한 방법이 된다.

스트레스와 정면으로 싸운다

적극적으로 스트레스와 싸우는 방법들에도 몇 가지 패턴이 있다.

먼저, 스트레스의 원인이 되는 것을 제거하는 방법이다. 인간관계의 갈등으로 느끼는 스트레스라면 그 사람과 자주 이야기를 나누어 푸는 방법이다. 간단히 해결할 수 있는 것이면 좋겠지만, 정면으로 해결할 정도면 스트레스라고 할 만한 정도는 아니다. 스트레스란 그리 쉽게 해소되는 게 아니기 때문이다.

스트레스의 원인을 분석하고 반성한 후에 다음 방법을 찾는다. 이것은 스트레스와 싸우는 방법으로서는 매우 현실적인 성과를 올리는 방법이다. 아무리 해도 도저히 잘 되지 않을 때는 실패를 통해 반성하고 다음에는 성공시키려는 것이다. 최근 들어 고가쿠인 대학工學院大學의 하타무라 요타로畑村洋太郎 교수가 실패 원인을 해명, 재발을 방지하고 성공의 길을 찾는 '실패학' 이라는 사고가 주목을 받고 있을 정도다.

실패의 원인을 면밀히 분석하여 노트에 적어둔다. 그 노트를 참고로 어떻게 하면 성공할지를 생각하는 것이다. 그렇게 하면 반복된 실패가 귀중한 정보가 된다는 것을 깨닫고 조그만 실패에는 꺾이지 않아 재기할 수 있다. 실패라는 스트레스의 원인을 정보원으로 바꾸는 발상의 전환이다. 실패 노트는 그 사고방식의 전환을 지원하는 도구가 되어줄 것이다.

그 외에, 스트레스의 원인을 누군가에게 이야기해서 객관적인 조언을 듣는 것도 대처법이다. 친구에게 하소연하는 것도 나쁘지는 않지만 좀더 적극적으로 대응하려면 전문가의 조언을 받아보는 것도 좋다.

또한 적극적인 스트레스 해소법으로 낙관적인 사고를 하는 것이 있다. 나쁜 일뿐만 아니라 다음에는 좋은 일도 생기리라는 생각, 그 사람도 나쁘기만 한 사람은 아니라거나 좋은 점을 찾아보자고 마음먹는 것이다. 이런 조절이 가능하면 정말 긍정적인 사고력이 몸에 밸 것이다.

적극적 사고를 목표로 한다

적극적인 사고로 살아갈 수 있다면 같은 환경에서도 다른 사람보다 느끼는 스트레스가 적을 것이다. 물론 이보다 강한 스트레스 코핑은 없다. 경영자들은 적극적 사고를 한다. 그렇지 않으면 도저히 기업을 유지해 나가기 어렵기 때문이다. 성공했을 때 얻는 것도 많지만 리스크도 그만큼 많아진다. 적극적인 사고방식을 지닌 사람들은 창업의 길을 선택한다.

꿰뚫어보지 못하는 것 때문에 스트레스가 쌓이는 사람은 어느 정도 해야 할 일의 틀이 정해져 있고 그 일의 절반 이상은 반복된 업무를 선택해야 한다. 그렇지 않으면 매사가 근심거리나

걱정되는 일이 되어 스트레스로 머리가 아프게 될 게 틀림없기 때문이다.

가능하면 적극적 사고를 지니기 바란다. 이를 반대하는 사람은 없겠지만 '어떻게 하면 적극적 사고방식을 가질 수 있는가가 문제다' 라는 반론을 펼 것이다.

적극적 사고를 가진 사람의 대부분은 그 사람의 긍정적인 성격 때문이지 의식적으로 만들어진 능력이 아니다. 태어났을 때부터 낙관적인 사람은 없겠지만 자라난 환경 속에서 시간을 두고 낙관적인 기질이 만들어졌을 것이다.

그럼 스스로 적극적 사고를 하게 만드는 방법은 없을까?

매우 어려운 문제지만 '학습 시점'으로 사물을 보는 습관을 들이는 것이 하나의 방법이다. 이런 일화가 있다. 편의점에서 박스에서 상품을 꺼내 진열하는 사람에게 "지금 무얼 하고 계십니까?"라고 묻자, A는 "보시는 대로 박스에서 상품을 꺼내고 있습니다"라고 대답했다. B에게 같은 질문을 하자 "이 신상품을 진열하면서 어느 정도 팔릴지 시험해 보려고 합니다"라고 대답했다.

B는 적극적 사고를 가졌고 단순히 낙관적인 것과는 다르다는 것을 알 수 있다. B는 편의점 아르바이트라는 일을 하면서도 무언가를 배우려 하고 있다. 생각하기에 따라서는 육체노동

이 되기도 하고 지식노동이 되기도 한다. 같은 일을 하면서 B와 A는 아르바이트를 통해 얻는 것이 전혀 달라진다. 이처럼 모든 시간과 경험, 만남을 '나의 학습 시간이며 학습 교제다'라고 생각하면 적극적인 스트레스와 싸우는 방법이 된다. 즉 의식의 문제이지 성격 문제가 아닌 것이다.

사소한 일에도 전전긍긍하는 사람은 철저하게 준비하는 것으로 적극적인 태도를 취하는 방법도 있다. 정작 중요할 때 약해지는 사람이 있다. 중요한 발표를 해야 하는데 말을 잘 할 수 있을지 걱정된다고 하자. 이때는 발표할 원고를 써서 몇 번이고 수정하며 실제로 누군가에게 들려주면서 시간을 재고 이야기하는 연습으로 철저하게 준비해야 한다. 만족할 만큼 직접 준비하면서 자신감이 생기는 것이다.

여기에서 성공을 거둘 수 있다면 그것이 또 자신감으로 축적되면서 성공하는 이미지를 가져다준다. 이것은 일종의 리스크 매니지먼트다. 만일의 경우를 대비하여 모든 준비를 해두면 그 노력에 따라 압력이라는 스트레스를 물리칠 수 있는 것이다.

더욱이 장기적으로 본다면 대부분의 일은 자신의 노력에 따라 꾸려갈 수 있다고 생각할 수 있는 단련과 실적을 쌓는 일이다. 리쿠르트가 개발한 직업적성 테스트에 R-CAP[3]이라는 것이 있다. 이 분석 결과를 수치화한 지표의 하나로 '환경상관지표' LOCUS OF CONTROL가 있다. 이것은 당신 주위에서 일어나는 다양한 일을 스스로 컨트롤할 수 있다고 생각하는 비율이 높은지, 타인 혹은 운명에 의해 컨트롤된다는 비율이 높은지를 측정하는 것이다. 예를 들면 '한 표의 힘으로 정치가 바뀔 수 있다고 생각하는가?' 하는 것은 이 지표를 측정하는 대표적인 질문이다.

물론 어떻게든 해보겠다고 생각하는 것이 거꾸로 스트레스가 되는 경우도 있다. 운명의 탓으로 돌리지 못했기 때문이다. 하지만 끝까지 노력하여 자신의 고집과 노력으로 성공시킨 경험을 쌓아가면 점점 자신의 힘으로 어떻게든 해낼 수 있다고 생각하게 되고 그것은 적극적인 달성 동기로도 이어진다.

전략적 사고가 긍정적인 사고력을 높인다

다시 한번 긍정적인 사고력에 대해 정리해 보자. 스트레스를 극복하려면 소극적인 방법도 효과가 있다. '포기한다' '잊는다' '남의 탓으로 돌린다' '기분전환을 한다' 등 자신에게 맞는 방법을 발견하면 된다. 물론 때로는 적극적으로 스트레스에 대항하는 것도 필요한데 스트레스의 원인까지 자신에게 플러스로 만들어버리는 발상이 가능하다면 스트레스는 두려울 것이 없다.

낙관적인 성격으로 스트레스를 그다지 잘 느끼지 못하는 사람은 별 문제가 없을 것이다. 그러나 그렇지 않은 사람은 스트레스에 대해 보다 전략적인 대항으로 승리를 거듭하면서 고도의 긍정적인 사고력을 익혀야 한다.

실패, 힘든 일, 좋은 상사를 만나지 못하는 등 인간관계의 트러블 전부를 학습 시점으로 극복하는 것이다. 그 경험을 성공 체험으로 쌓아올릴 수 있다면 본래 성격이 낙관적이지 않았던 사람도 자신의 힘으로 어떻게든 해낼 수 있다는 적극적 사고를 가질 수 있다.

긍정적 사고력은 중요한 채용 기준

희망하는 회사에 합격한 대학 졸업생도 막상 일을 시작해 보면 머리로 생각하던 실제 업무와의 격차로 고민한다. 결국 이를 극복하지 못하면 유감스럽게도 조기이직에 이르고 만다. 매일 부딪치는 벽에 상처를 받다 보면 큰일을 하지 못하기 때문에 다른 회사에 가도 다시 좌절할지도 모른다.

경영자에게 현대 젊은이의 강점과 약점에 대해 실시한 앙케트에서 약점의 1위는 인내력으로, 무려 응답한 경영자의 73.8퍼센트가 그렇게 인식하고 있었다. 요즘 젊은이들이 얼마나 긍정적 사고력을 익히지 못한 사람이 많은지를 보여주는 데이터다. 또 정신건강에 관한 조사에서는 일하고 있는 사람 가운데 '죽고 싶다고 생각한 적이 있다'는 항목에 '네'라고 응답한 사람이 5.5퍼센트에 이른다고 보고되어 있다.

스트레스에 강한 것은 그것을 미연에 방지하든 처리하든 필수 능력이 되고 있다. 채용할 때에도 경쟁에 이기고 지거나, 실패하거나 성공하는 경험을 풍부하게 가지고 있어 약간의 패배나 실패에는 상처받지 않는 사람, 이기는 일이나 성공하는 것에 대한 즐거움을 알고 있는 사람을 뽑겠다는 목소리가 커지고 있다. 긍정적 사고력은 스트레스로 가득한 현대사회이기에 더욱 요구되는 능력이다.

---

3) R-CAP | Recruit-Career Assessment Program의 약자. 구직활동에 있어서 직종 선택 · 회사 선택이나 앞으로의 커리어를 생각하기 위한 자기발견 · 적합 직종 발견 테스트이다. 140직종에 대한 적합 직종 순위와 '당신이 어떤 사람일까'를 객관적으로 분석한 결과를 보고서로 제시하고, 워크 시트로 심층 자기분석을 하여 자기 PR과 지망동기를 작성할 수 있도록 되어 있다.

표2-3 경영자가 본 젊은이의 '강점'과 '약점'의 앙케트 조사

[경영자가 본 젊은이의 '강점']

1	IT 관련 지식	81.7%
2	감성	47.9%
3	환경 적응력	39.4%
4	국제성	34.0%
5	협조성	25.5%
6	프레젠테이션 능력	23.7%
7	커뮤니케이션 능력	17.6%
8	전문 지식	9.0%
9	과제발견 능력	5.6%
10	창조성	5.3%
11	도전정신	5.3%

[경영자가 본 젊은이의 '약점']

1	인내력	73.8%
2	문제해결 능력	54.6%
3	시민으로서의 자각	52.8%
4	과제발견 능력	46.2%
5	도전정신	45.9%
6	책임감	45.7%
7	논리적 사고력	45.1%
8	교양	36.8%
9	창조성	36.2%
10	커뮤니케이션 능력	28.4%

출처: 기업의 교육 · 인재에 관한 앙케트 조사 2003년 (경영자 387명의 복수 응답)

자기경영 4
목표발견 능력

정의	일의 목표를 스스로 제기하는 힘으로 먼저 문제를 발견하고 그 해결을 목표로 하는 것이 일반적
표준개발연령	10대~40대
만일 이런 능력이 없다면	상사의 '지시 대기족'이 되며, 문제의 겉만 볼 수밖에 없다
관련 능력	긍정적인 사고력, 지속적인 학습력, 전문 구축력

'지시 대기족'이라는 말이 있다. 상사의 지시가 없으면 아무것도 하지 않는 사람을 말한다. '지시 대기세대'로 불리는 사람들도 있는데, 매뉴얼에 길들여진 젊은 세대가 매뉴얼이 없으면 아무것도 하지 못하는 것을 빗대어 쓰

는 말이기도 하다.

그러나 '지시 대기족'은 절대 젊은이만의 특징이 아니다. 회사에서 상사의 지시대로 해온 중견 샐러리맨에게도 '지시 대기족'은 얼마든지 있다.

'지시 대기족'이 되는 이유는 몇 가지가 있다. 가장 큰 이유는 자신의 생각이나 의견을 받아주지 않는 상사 밑에서 일을 해오다 습관적으로 그렇게 되어버린 경우다. 아무리 '이렇게 하면 어떨까요?' 하고 제안을 해도 '잠자코 시키는 대로나 해!'라는 말만 계속 듣는다면 어떤 사람이든 스스로 생각하는 일을 하지 않을 것이다. 이것은 상사를 잘못 만났다는 것 이외에 달리 이유가 없다.

또 다른 이유는 필요 이상으로 실수를 두려워하는 태도가 어느샌가 몸에 배어버린 경우다. 실수하지 않기 위해서는 위에서 시키는 대로 따르고 매뉴얼에 의존하는 것이 제일 낫다고 생각하는 것이다.

또한 인간관계에 겁을 내면 공연히 자신의 의견을 밀어붙이다 분위기를 깨기보다 그에 따라가는 것이 이득이라고 단정짓는다.

어느 누구도 지시 대기족이 되고 싶어서 되는 것은 아니다. 어쩌면 자신이 지시 대기족이라는 것을 깨닫지 못하고 있을지도 모른다. 그러나 어느새 스스로 일의 목표를 결정하지 못하는 사람이 되고 만 것이다.

기업이 개인에게 '자립'을 요구한다

'자립'이라는 것은 '자기 책임'이라는 말과 더불어 기업이 개인에게 요구하는 키워드다. 무엇이든지 회사에 기대지 말고 스스로 생각하라는 의미다.

회사는 개인의 일의 능력을 정해 주지 않는다. 마찬가지로 일의 목표조차 회사에서 정해 주지 않는다. 회사 전체의 비전이나 목표는 세우지만 개개인의 목표는 회사가 세운 비전이나 회사 전체의 목표, 부서의 목표에 비추어 개개인이 먼저 생각하라는 것이다.

얼마 전까지는 회사에서 주어진 목표를 100퍼센트가 아닌 120퍼센트 달성하는 것이 바람직한 비즈니스맨이었다. 하지만 이제는 달성해야 할 목표가 무언지 스스로 생각하라는 것으로 바뀌었다.

그만큼 비즈니스 환경이 불투명해지고 목표관리가 어려워졌기 때문이다. 사정기간 중의 달성목표는 개인이 우선 원안을

생각한 후에 상사와 맞추어보고 임무로 설정하는 회사가 많아
졌다.

'꿈 에너지'와 '문제발견 기술'

목표에도 여러 가지 커다란 단위가 있다. '오늘의 목표부터
인생의 목표까지', 여기에서는 업무 기간에 목표발견 능력을
상정하고 있는데 큰 목표를 세우는 힘이나 작은 목표를 세우는
힘은 비슷하다.

그 요소는 '꿈 에너지에서 오는 애니멀 스피리트'와 '문제발
견 기술'의 두 가지이다. 이 힘이 있는 사람은 오늘의 목표도 간
단히 설정할 수 있고 인생의 목표도 비교적 찾아내기 쉽다.

꿈이 있는가

꿈이라는 것은 장차 실현시키고 싶은 바람이다. 그것을 현실
적으로 실현 가능한 형태로 만든 것이 목표다. 목표는 반드시
구체적인 행동으로 만들어진다.

'꿈을 목표로, 목표를 행동으로' 하는 전환이 가능하면 즐거운 인생을 살아갈 수 있다. 하지만 최근에는 꿈이 없다고 말하는 사람이 늘어나고 있다.

이러한 현상은 중고등학생들에게도 나타나는데, 그 배경에는 구조조정과 기업에 얽혀 있는 부정사건 등으로 샐러리맨에 대한 이미지가 나빠지고, 좋은 대학을 졸업해 좋은 회사에 들어가겠다는 단선형 가치관이 붕괴되어 버린 데 있을 것이다. 그렇다고 샐러리맨에 대신할 꿈4)도 다 그려내지 못하니 학습의욕 저하나 취업의욕의 저하라는 문제를 일으키는 것이다. 꿈이 없으면 목표를 만들어 학습할 수 없지 않은가.

성인들도 마찬가지다. 사람은 나이가 들면서 꿈을 포기하게 되는 것이 현실이라며 꿈을 가지는 것조차 유치한 일이라고 치부하는 사람이 많다.

하지만 꿈은 나이와는 무관하다. 어느 정도 나이가 든 후의 꿈은 보다 강한 에너지원이 된다. 나라 경제가 좋지 못해 일확천금의 꿈을 꾸기는 어려울지 몰라도 그렇다고 갑부가 되는 일만이 꿈은 아니다.

자신의 마음속을 솔직하게 되돌아보면 분명히 목표로 정할 수 있는 꿈이 있을 것이다.

탐욕이 목표를 만든다

누구나 큰 꿈을 목표로 해서 구체적인 것으로 만들 수 있다면 기운이 나게 마련이다. 그래서 도전적이 되고 행동도 적극적이 되는 것이다.

경제학자로 유명한 J. M. 케인즈는 자본주의를 "자신의 목표를 달성하려는 탐욕의 적극적인 주체, 애니멀 스피리트animal spirits인 동물적 혈기에 의해 성립되는 것"이라고 말했다. 즉 꿈에너지에서 오는 목표 달성 행동이 현대 사회를 만들어내는 것이다.

'꿈이 없다. 그래서 목표도 없다'는 식이면 사회경제는 침체하고 만다.

목표 상실은 일하는 것에 대한 의미를 놓치는 것으로 이어지고, 자칫 잘못하면 하루하루 살아가는 것에 대한 의미조차 깨닫지 못하게 되는 위험이 있다.

반대로 목표를 세우는 행동은 습관화되기 때문에 하나의 목표를 구체적으로 계획하는 사람은 다른 일에도 적극적이 된다. 어느 누구에게서 무슨 말을 듣지 않아도 스스로 움직이기 시작하는 것이다.

'문제발견 기술'을 익힌다

또 하나의 요소인 '문제발견 기술'에 대해 이야기해 보자. 이것은 연습을 거듭하면 연마가 가능한 기술이다. 문제가 발견되면 그것을 해결하는 것을 목표로 하면 된다.

문제발견을 위한 구조는 간단하다. '최종적으로 되어야 할 모습'과 '현실'의 '간격'을 발견하는 구조다. 간격을 해소하기 위한 구제책이나 전술을 행동 목표로 하면 된다.

그것이 당신 인생의 경우라면 '되어야 할 모습' '꿈'이 될 것이고, 비즈니스라면 '되어야 할 모습' = '회사·사업으로서의 비전과 목표'가 될 것이다. 회사·사업의 비전과 목표는 외부에서 주어지는 것이므로 그것을 이해하면 된다.

현 상황에 대해서는 스스로 책임을 지고 있는 일에 대하여 분명하게 분석해야 한다. 문제해결 노하우에 관한 서적에는 비즈니스의 현 상황을 분석하기 위한 다양한 방법이 소개되어 있다. 주로 코스트(비용)와 밸류(가치)라는 관점에서 본 분석이 일반적이다. 업무 데이터로 산출되는 다양한 중요 지표가 이 현상을 볼 수 있는 재료가 될 것이다.

그리고 '장차 되어야 할 모습'과 '현 상태'의 '간격'을 어떻게 좁힐지를 생각한다. 그 거리를 채우는 방법은 자신의 행동으로

가능하도록 특정지어야 하며, 반드시 실현 가능한 시나리오만
이 해당 기간에 할 일의 목표가 된다.

단, 매출 몇 퍼센트의 신장과 같은 손쉬운 것 말고 본질을 생
각한 목표 설정이 되어야 한다. 대부분 6개월에서 1년에 한 번
업무의 목표를 설정할 기회가 있을 텐데 그때 자신이 사업에서
기대할 수 있는 성과는 무엇일까를 생각하여 목표 '발견'에 넣
기 바란다.

목표발견 능력을 높이는 테크닉

'꿈 에너지'나 '문제발견 기술'은 매우 본격적인 것이므로 좀
더 간단한 테크닉도 소개하겠다.

1. 세세한 스케줄

즉시 효과를 볼 수 있는 테크닉은 스케줄 표의 개혁이다. 시
간을 나누어 무엇을 할지 목표를 하나하나 결정하는 것이다.
본격적인 목표발견과는 다르지만 기한을 정해 두고 일하는 습
관을 들이는 것은 효과적인 방법이다.

나는 예전에 많은 일을 겸임했을 때, 스케줄 표를 만들어서

그림2-1 목표발견의 개념도

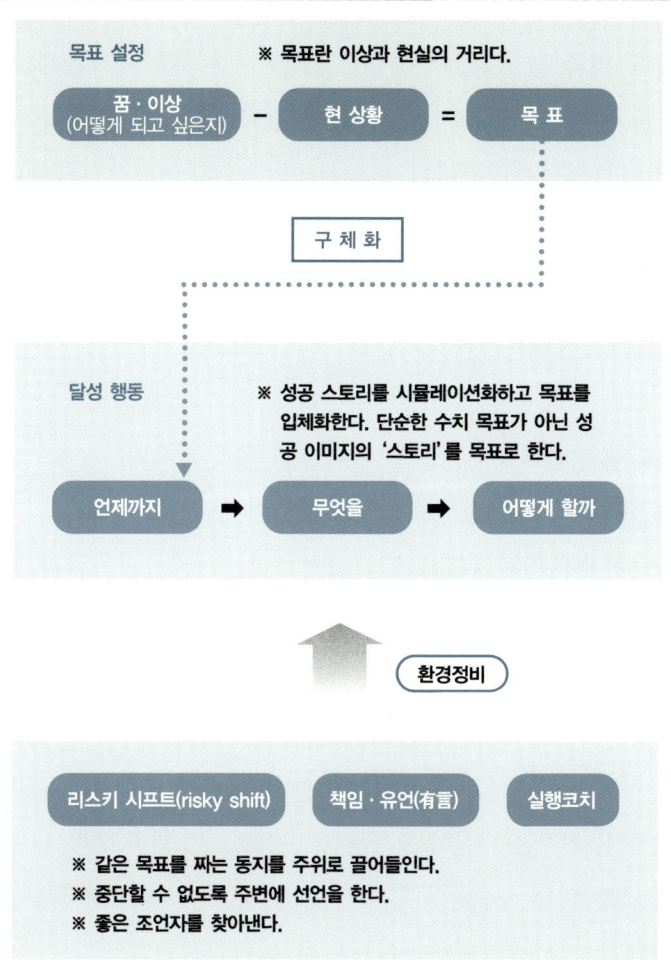

목표 설정　　　※ 목표란 이상과 현실의 거리다.

| 꿈 · 이상
(어떻게 되고 싶은지) | − | 현 상황 | = | 목 표 |

구 체 화

달성 행동　　　※ 성공 스토리를 시뮬레이션화하고 목표를
　　　　　　　　입체화한다. 단순한 수치 목표가 아닌 성
　　　　　　　　공 이미지의 '스토리'를 목표로 한다.

언제까지　➡　무엇을　➡　어떻게 할까

환경정비

리스키 시프트(risky shift)　　책임 · 유언(有言)　　실행코치

※ 같은 목표를 짜는 동지를 주위로 끌어들인다.
※ 중단할 수 없도록 주변에 선언을 한다.
※ 좋은 조언자를 찾아낸다.

30분 단위로 모두 끊어 그 단위로만 일을 해왔다. 한 가지 일은 30분이면 결정난다고 목표를 정한 것이다. 이것은 예상보다 효과적이었다.

목표설정 습관이 붙었을 뿐만 아니라 집중하여 일하는 습관과 진행 계획을 결정하는 기술이 향상되어 산더미처럼 많은 일을 끌어안아도 낭패를 보는 일이 없어졌다. 30분으로 나누어 다른 일을 하면서 30분마다 새로운 기분으로 일할 수 있었던 것도 좋았다.

2. 성공 이미지

성공 스토리를 상상하는 것도 효과가 있다. 규모가 큰 업무일수록 이미지가 중요하다.

'이렇게 하면 이렇게 될 것이고……' 하고 전개를 예상하는 것이다. 일을 성공시키고, 커다란 성과를 거두고, 갈채받는 그림을 머리에 그리면서 일을 하면 무엇보다 힘이 나고 무엇을 해야 할지 잘 떠오를 것이다. 마치 시나리오를 쓰는 것과도 비슷하다. 인간은 자신이 생각한 것 이상으로는 되지 못한다. 목표 상황을 늘 상상할 수 있다면 좋은 네비게이션이 생기는 셈이다.

3. 상사의 활용

상사는 당신이 어서 자립하여 스스로 일을 만들어낼 수 있는 인재가 되기를 바란다(표면적으로는 자신의 방법을 밀어붙이는 상사도 관리가 서툴 뿐이지 진심으로는 당신의 자립을 바라고 있다). 상사를 잘 활용하여 당신이 해야 할 목표를 함께 생각하도록 해야 한다. 상사와의 관계는 매우 중요하다. '보스 매니지먼트'라는 말을 기억하고 상사를 잘 다루면 목표발견 능력은 물론, 모든 능력 형성을 쉽게 만들 수 있다.

영업부서에 있는 사람은 목표 설정에 익숙하겠지만 많은 사람들은 명확한 목표 없이 일을 하고 있을 것이다. 일단 목표를 정하라. 그리고 설정한 목표는 반드시 달성시켜라. 달성시키는 것이 당연한 습관이 되면 일의 농도는 정말 진해진다.

---

4) 샐러리맨에 대신하는 꿈 | 초등학교 남학생에게 '어른이 되면 되고 싶은 사람'의 순위를 보면 샐러리맨은 1991년의 9위를 마지막으로 순위에서 사라졌다. 최근 데이터에서는 1위가 학자·박사, 2위 축구선수, 3위 야구선수, 이하 음식점 주인, 목수, 의사 등이다(다이이치 생명보험 조사). 한편 미국의 같은 순위를 보면 회사원, 의사, 교사, 변호사 등이 상위를 차지하고 있다(JA Enterprise Poll, "Kids and Careers," 2004).

자기경영 5
지속적인 학습력

정의	필요할 때 필요한 것을 학습하는 습관
표준개발연령	20대~30대
만일 이런 능력이 없다면	가지고 있는 지식이 진부해져서 새로운 동향을 따라가지 못하며, 지식의 발전이 없다
관련 능력	목표발견 능력, 전문 구축력, 지도력

학습하는 습관이 능력일까 하고 의아하게 생각할지도 모르겠지만 이것은 훌륭한 능력이다. 지식사회를 맞아 가장 중요한 능력으로 새롭게 부상했다.

능력에는 명확한 정의가 따로 있지 않았지만 그 시대에 따라

의미하는 것이 변해 왔다.

예를 들면 처음으로 능력이라는 개념을 사용한 사람은 플라톤이라고 하는데 고대 그리스에서의 능력이라고 하면 언론력(웅변술)이었다. 그 시대에는 직접 사람들에게 말을 걸어 사상을 전하기도 하고, 논쟁을 벌여 이기는 것이 리더의 중요한 요건이었던 것이다.

고도 정보화 사회에서 추구하는 특유의 능력은 늘 새로운 지식과 정보를 수집하고 그 정보와 지식을 기초로 해야 할 일을 스스로 생각하여 강한 리더십을 발휘하여 실행해 가는 것이다. 지속적인 학습력은 시대를 상징하는 능력이다.

지금부터 30여 년 전에 드래커 박사가 '지식노동자'라는 말을 써서 21세기를 리드하는 인재상을 예언했는데 지식노동자라는 것은 스스로 해야 할 것을 정의하고 이에 필요한 지식을 익혀갈 수 있는 인재다.

바로 '지속적인 학습력'으로 제4능력으로 소개한 '목표발견능력'을 가진 인재가 지식노동자다. 그러나 현실에서는 의외일 정도로 필요할 때 필요한 것을 학습하는 습관이 몸에 밴 사람은 많지 않다.

학습하지 않는 사회

학습 시간에 관한 조사 데이터에 의하면, 수업 이외에 거의 공부하지 않는다는 고등학생이 39.7퍼센트, 대학생은 47.5퍼센트가 그렇다고 응답했다(청소년 생활과 의식에 관한 기본조사 2000). 그렇지 않다는 응답에는 숙제나 시험과 같이 강제적으로 공부를 하는 경우가 적지 않을 것이다. 이와 같은 상황이니 청소년들의 학력 저하는 두드러지고 공부하지 않는다는 비판이 나오는 것도 당연하다.

그렇다면 성인들은 어떨까. 무려 81.2퍼센트에 달하는 직장인들이 거의 공부하지 않는다고 응답했다. 청소년만 비판하고 있을 때가 아니다. 공부를 싫어하는 것은 성인들도 마찬가지다. 학력이 낮은 것 이상으로 '공부를 좋아하지 않는 것'이 청소년이나 성인 모두의 공통된 특징이 되고 말았다.

강요된 공부에서 자주적인 공부로

초등학교나 중학교 학생들, 즉 아직 내적인 학습 동기가 생기지 않은 단계에서는 숙제나 시험과 같은 외부의 강제력으로

그림2-2 학습 시간에 관한 데이터

■ 자신의 의지로 업무에 관한 새로운 지식과 기술을 익히거나, 자격증을 취득하기 위한 공부를 하는 사람의 비율(최근 1개월간)

한다	18.4%
하지 않는다	81.2%

■ 배우는 방법(복수 응답)

스스로 책이나 자료를 읽고 학습한다.	62.8%
전문 분야에 정통한 사람의 이야기를 들었다.	24.1%
각종 강연회나 세미나에 참가한 바 있다.	23.5%
사설 강의나 강좌(기업주최 포함)를 통해 배웠다.	12.5%
통신교육으로 배웠다(인터넷 제외)	8.0%
TV, 라디오의 강좌를 듣고 배웠다.	7.7%
전문학원·각종 학교에서 배웠다.	5.2%
시·도 주최의 공개강좌에서 배웠다.	3.7%
인터넷을 이용한 통신교육으로 배웠다.	3.5%
대학에서 배웠다.	1.3%
직업훈련소에서 배웠다.	0.7%
대학의 공개강좌에서 배웠다.	0.7%
사회인 대학원, 비즈니스 스쿨에서 배웠다.	0.6%

■ 학습을 위한 투자 시간

1개월	평균 26.3시간

출처: 워킹퍼슨 조사 2002년(리쿠르트 워크 연구소)

공부를 시켜 기초학력을 단단하게 익히도록 하고 있다. 그리고 대학생이 되면 자신의 의지로 학습하는 단계로 이행한다. 이것이 이상적이다.

하지만 자율교육으로 초·중학교의 수업시간은 줄어들고 강제적인 공부가 줄어 대학에서는 스스로 학습 테마를 발견하거나 학습 방법을 익힐 기회도 없이 졸업해 버리는 비참한 상황이 되었다.

그래서 사회에 나가면 학창시절에 시험공부로 배운 역사나 자연과학, 수학 등의 지식은 깨끗하게 잊어버리는 '학습박리현상'이 일어난다. 유감스럽게도 우리 사회의 교육은 교양 없고 학습하지 않는 성인을 대량생산해 내고 있다.

성인은 왜 공부를 하지 않을까. 그러나 공부가 절대로 필요 없다고 생각하고 있는 것은 아니다. 구조조정의 불안이나 업무를 위해 공부를 해야겠다고 생각하는 경우가 많기 때문이다.

학습 방법을 모른다

학습을 못하는 일반적인 이유로 '바빠서' '돈이 들어서' 등의 응답을 한다. 하지만 나는 이 응답에 의문스럽다.

시간은 있는 것이 아니고 만드는 것이다. 학습하는 사람들은 틈틈이 시간을 활용하여 공부하는 것이지 절대 시간이 남아돌아서가 아니다. 또한 교육훈련비를 보조해 주는 제도가 있어서 고용보험에 가입된 사람은 비용을 지원받을 수 있고 장학금 등의 제도도 있다.

공부하지 않는 이유는 분명히 말해서 공부하는 방법을 모르기 때문이다. 능동적으로 공부한 경험이 없어서 무엇을 어떻게 공부해야 좋을지 모르는 것이다.

직장인의 공부는 기껏해야 자격증을 따거나 대학에 다니는 정도밖에 머리에 떠올리지 못한다. '무슨 자격증을 따는 것이 좋을까?' '어느 대학이 좋을까?' 하고 멍하니 생각하고 있는 동안에 바쁜 일에 휩쓸려 결국 아무것도 못하는 것이다.

또 다른 이유는 공부가 즐거웠거나 뭔가 유익했던 경험이 없었다는 점이다. 아마도 시험을 봐서 나쁜 점수를 받았던 기억이나, 암기만 하면 되는 시험이 끝나면 곧바로 잊어버리고 다른 어떤 일에도 도움이 된 적이 없었다는 기억만 있을 것이다. 모르는 것을 알게 되어 시야가 넓어진 것 같은 유쾌했던 기억이나, 공부한 것을 살려서 주위 사람에게서 호평을 얻었다든지 하는 쾌감을 경험한 추억이 없기 때문이다. 사실 그런 경험을 하는 곳이 대학이기를 바라는 마음이 간절하지만 말이다.

머릿속을 포맷한다

대학 시절에 지속적인 학습력을 익히는 것이 이상적이겠지만, 실은 나도 학습하는 습관이 든 것은 30세 무렵이었다. 그때까지는 어떤 공부를 해도 오래가지 못했으며 영어회화도 몇 번이나 좌절을 경험했고 공부다운 공부를 전혀 하지 않는 날이 대부분이었다. 그러던 어느 날 굳게 결심을 한 일이 있었다.

'무슨 일이 있어도 1년 동안 양장본 150권을 읽겠다'고 결심하고 실행한 것이다. 왜 그런 결심을 했는가 하면 전문적인 책이나 자료를 읽어도 전혀 머릿속에 들어오지 않아서 '이래서는 안 되겠다, 내 머리를 처음부터 다시 단련시켜야겠다'고 생각했던 것이다. 이 기회에 새로 발행되는 경제서적을 모두 읽어버리면 머릿속에 기초 지식이 생겨서 이해할 수 있을 거라고 생각한 것이다.

1년 동안에 150권의 양장본을 읽는다는 것은 사실 보통 어려운 일이 아니다. 매달 13권을 읽어야 하니 적어도 이틀에 한 권은 읽어야 한다. 한 권씩 읽을 때마다 달력에 책 이름을 적어 내려갔다. 매달 말일이 되어도 13권을 채우지 못할 때는 밤을 새우며 읽은 적도 있었다.

솔직히 말해서 거의 머리에 남지 않은 책도 많이 있었지만 1

년이 지나자 머릿속에 당연히 있어야 할 '인프라(기반)'랄까, 점선이 쳐진 노트와 같은 이미지가 떠올라 경제를 이해하기 위한 지식 연결이 가능해졌다. 경제기사를 읽어도 그 배경을 알 수 있었다.

게다가 머릿속의 지식과 이어져 깔끔하게 파일로 정리되어 가는 듯한 느낌이 생겼다. 회사 동료와 이야기를 나눠도 기사에 대해 그 배경을 설명하거나 내 나름의 견해를 덧붙일 수도 있었다. 그러자 단번에 학습의 생산성이 높아졌다. 책을 사도 읽어야 할 페이지만 찾아 읽을 수 있었으며 이 경제학자의 논평은 읽을 필요가 없다는 둥 나름대로 정보를 평가할 수도 있었다.

이렇게 되니 공부가 즐거워졌다. 경제뿐만 아니라 정치나 문화 책도 읽게 되었고 경영과 노동 등의 책도 본격적으로 탐독해 나갔다.

최종적으로 나는 고용 · 노동 · 교육 분야에 내 전공을 살려 나가고 있는데(이에 대해서는 제7능력에서 이야기하겠다) 책을 통해서 쌓은 기초가 모든 것의 출발점이었다고 생각되어 당시에 졸린 눈을 비벼가며 계속하기를 참 잘했다고 생각한다.

공부는 처음엔 힘이 든다. 즐거워질 때까지 지속할 수 있느냐가 그 열쇠다.

학습의 전이

한 가지가 완성되면 두 번째는 훨씬 쉬워진다. 외국어 하나를 마스터하면 다음에 다른 외국어를 마스터하는 일이 그다지 어렵지 않은 것처럼 말이다.

이것은 '학습의 전이' 효과가 있기 때문이다. '외국어를 마스터' 하는 노하우(절차의 기억에 의한 것)5)를 익히는 것이므로 그 노하우를 다음 외국어에 살리는 것이다. 몇 개 국어나 할 줄 아는 사람을 보면 천재라고 할지도 모르지만 그것은 학습의 전이를 제대로 이용하고 있기 때문이다. 하지만 많은 사람들은 학습의 성과를 실감하기 전에 좌절해 버리고 만다.

학습하는 습관을 들이는 요령

지속적인 학습의 습관을 들이기 위한 요령은 몇 가지가 있다.

1. 집중적으로 한다

머릿속에 지식의 인프라를 만들기 위해서 '지식 흡수' 를 위한 학습을 처음에 집중적으로 하는 것이다. 머릿속에 지식 서

랍을 만드는 작업이다. 따라서 작심하고 시작하지 않으면 아무리 해도 안 된다. 너무 나이를 먹으면 우격다짐으로 공부하는 방법은 힘들어지기 때문에 가급적 젊었을 때 하는 것이 좋다. 무엇부터 시작해야 좋을지 모르겠다면 목표 수치를 정해 두고 책을 읽는 것도 좋다.

2. 가까운 목표를 정한다

초기에는 학습의 성과를 실감하지 못해 좌절하기 쉬우므로 목표를 작게 설정하거나, 남에게 선언을 해서 쉽게 포기할 수 없도록 한다. 학습 기록을 수첩에 적거나 나처럼 달력에 기록하는 등 매일 지속시킬 수 있는 방법을 연구하면 좋을 것이다.

3. 배운 것은 바로 이야기한다

배운 지식도 곧 재생하지 않으면 잊어버린다. 가능한 한 24시간 이내에 자꾸 말하도록 한다. 바로 일에 활용할 수 없다 해도 가족이나 친구, 동료라도 좋으니 배운 것을 그날그날 이야기하도록 한다. 물론 듣는 사람 입장에서는 귀찮은 일이겠지만 열심히 들어주는 사람이 있다면 보람이 생긴다. 자신만의 언어로 활용하면 분명히 자기 것이 된다. 이처럼 학습에서 정착으로 가는 순서가 익숙해지면 학습 효과가 높아진다.

4. 습관화되고 있는지 확인한다

특별히 수첩에 기록을 하지 않더라도 매일 자연스럽게 공부하고 있는지 확인한다. 공부 시간을 만드는 방법에는 개성이 나타난다. 생활 속에 학습이 제대로 뿌리내리고 있다면 출퇴근 시간에 반드시 공부를 한다든지, 아침 일찍 일어나서 늘 30분씩 공부한다든지 하는 생활 속의 학습 스타일이 만들어질 것이다.

5. 활용 성과를 올린다

배운 것을 일에 활용하여 성과를 올리도록 한다. 업무에 활용할 수 있으면 지속적인 학습 습관은 완성된다.

공부는 완성되면 평생의 재산이 된다. 전혀 공부하지 않는 81.2퍼센트에 속할지 나머지 18.4퍼센트의 학습팀에 속할지, 이것은 커다란 차이를 만든다.

---

5) 절차의 기억 | 몸으로 배우는 기억. 비진술 기억非陳述記憶이라고도 한다. 자전거 타기나 수영법 등으로 대표되는 기억으로, 한 번 배우면 여간해서 잊어버리지 않게 된다.

자기경영 6
문맥 이해력

정의	배경·문맥이 다른 사람과의 사이에서 의견조정을 하는 힘
표준개발연령	20대~40대
만일 이런 능력이 없다면	프로젝트 리더가 되지 못한다
관련 능력	반응력, 인맥 개척력, 위임 능력, 상담 능력, 지도력

예를 들면, 매입처의 A씨와 판매처의 B씨, 그리고 그들을 중개하는 상사에 근무하는 사람이 있는데 A씨의 의향을 B씨에게 전하는 장면을 생각해 보자. A씨는 표면적인 언어뿐 아니라 그 배경에 있는 것까지 충분히 이해하고 B씨

에게 전해야 비로소 '전달했다'고 할 수 있다. 즉 단순히 말의 전달이 아니고 문맥을 올바르게 이해하고 적절하게 '번역' 해서 알려주는 능력, 나는 이것을 문맥 이해력이라고 부른다.

A씨와 B씨는 자란 환경이나 소속된 회사가 전혀 다를 수 있다. 문장 표현이나 사용하는 용어도 다를지 모른다. 두 사람 사이를 소화시키려면 다양한 세계와 여러 세대 사람들의 문맥을 이해하고 그것을 적절하게 바꿔 말할 줄 아는 능력을 빼놓을 수 없다.

특히 여러 부서에서 팀원을 모아 한 가지 성과를 올리는 프로젝트팀의 리더를 맡은 사람이나 영업부서에서 고객 대응을 하는 사람에게는 더욱 중요한 능력이다.

사회에서 자신의 논리는 당당히 말하면서 남의 말에는 화합을 못하는 사람이 아주 많다. 자신이 하는 말과 상대가 하는 말의 공통점을 찾아가면서 다른 부분에 대해 조정을 도모해 가는 것이 비즈니스의 커뮤니케이션이다.

그러나 애초부터 공통점은 찾으려고 하지 않고 표면적인 차이를 들어 당신과 내 의견은 다르다는 감정적인 대응을 하고 만다. 전문적인 기술은 매우 뛰어나지만 문맥 이해력이 없어 그 재능을 잘 살리지 못하는 사람을 보면 유감스럽다.

인간과 인간이 서로 이해하고 공감하기 위해서는 언어 뒤에 있는 상대의 사회적인 배경과 그 사람 고유의 문맥을 이해하는 것은 매우 중요한 일이다.

문맥 이해력을 지탱하는 힘

이 힘의 저변에는 다음과 같은 세 가지의 능력이 있다.

1. 자신의 감정을 억제하는 힘
2. 논리적 사고력
3. 국어 능력

상대와 의사소통을 하기 위해서는 우선 자기 자신의 감정제어라는 대전제가 필요하다. 마음에 들지 않는다고 느닷없이 격해지거나 불쾌해하면 공감하는 일은 불가능하다. 스스로를 객관적으로 볼 수 있을 정도의 냉정함이 없으면 안 된다.

논리적 사고력[6]은 언어를 분해하여 정리하기 위해 필요하다. 문맥을 이해한다는 것은 언어와 언어의 엉켜버린 실을 푸는 것과 같은 작업이기 때문에 논리적 사고에 약하면 아무것도 안 된다.

또한 설명하는 이치를 언어로 정확하게 상대에게 전해 주기 위한 국어 능력도 필수적이다.

이와 같은 능력의 여부는 회의 장면을 테이프에 녹음해서 글자로 적어보면 알 수 있다. 예를 들면 몇 사람이 중요한 안건에 대해 회의를 하고 있다고 하자. 거기에서 나눈 이야기를 모두 녹음하여 체크해 보는 것이다. 문맥 이해력이 낮은 사람은 설령 말수가 많아도 회의 내용에 관한 중요한 발언은 놀랄 정도로 하지 않고 있다. 그 자리에서는 얼굴 표정이나 장단으로 의사에 참가하고 있는 듯 보이지만 실제로는 그다지 도움이 되지 않는 것이다.

나도 오랫동안 편집 일을 하며 가끔 회의 기획을 세울 때가 있었는데 역량이 없는 어떤 사람은 회의 내용을 요약 정리할 때 그 존재가 사라져버리기도 한다. 본인은 참가했다고 생각하겠지만.

문맥이 다른 사람들과 의사소통하는 경험을 쌓는다

문맥 이해력을 어떻게 연마하면 좋을까. 중요한 것은 문맥이 다른 사람과의 커뮤니케이션 경험의 양이다. 사이좋은 친구나 가까운 동료, 그리고 가족끼리만 대화를 하면 문맥 이해력은 늘지 않는다. 생활이나 일을 함께 하다 보면 그다지 설명하지 않아도 간단한 말로 서로 알 수 있으므로 그 편리함에 안주하기 때문이다. 그 결과 친구끼리는 말을 잘하는데 처음 만나는 사람과는 대화를 잘 나누지 못하는 사람이 된다.

반대로 세대가 다른 사람이나 전문 분야가 다른 사람, 국적이 다른 사람과 자주 이야기를 나누다 보면 자연스럽게 문맥 이해력이 길러진다.

어떻게든 상대를 이해하려 노력하고 또 상대가 나를 이해할 수 있도록 배려하기 바란다. 그리고 친해지도록 한다. 그것이 쌓이면서 비로소 문맥 이해력이 연마되는 것이다.

세대간에 벌어져 있는 간격

구체적으로 세대간에 벌어져 있는 간격을 보기로 하자. 나이 차가 나는 상사와 부하 사이에 좀처럼 커뮤니케이션이 잘 이루어지지 않는 것은 자란 사회 환경이 다르고 업무관이나 회사와 개인의 관계성과 같은 배경이 다르기 때문이다. 따라서 서로가 높은 문맥 이해력을 발휘하지 않는 한 그 직장은 마음이 통하지 않는 조직이 될 것이다.

상사는 '저 작자들이 하고 있는 생각은 도통 알 수가 없어. 제멋대로야. 어떻게 인사부에서는 저런 직원들을 채용한 거야' 하고 생각할 것이고, 부하는 '저 상사와 이야기를 해봐야 해결될 기미도 없고 아예 이야기하기 괴로워서 말할 마음이 안 생겨. 자기 말만 하려 하니, 어쨌든 정신 바짝 차려야지' 하고 생각한다.

직장 생활에서도 일체감을 가질 수 있는 문맥 이해력은 필수적이다.

상대의 발언 배경을 상상한다

영업에서 고객과 대응할 때, 고객이 말하는 외형적인 말만을 받아들이는 것은 좋은 영업이라고 할 수 없다. '무슨 말을 하는지'뿐만 아니라 '왜 저 말을 하는지'를 생각해야 한다.

고객이 소속되어 있는 업계의 경영 환경은 어떤지, 고객이 안고 있는 경영과제는 무엇인지, 고객은 어떠한 사풍과 가치관을 가지고 있는지 등을 공부하여 표면적인 말뿐만이 아니고 속에 있는 심정이나 요구를 찾는 것이다.

가능하면 '지금 이 고객은 이런 것을 원하고 있는 게 틀림없어' '이쯤에서 진퇴양난을 느끼고 있겠지?' 하는 것을 미리 상상하고 나서 포인트를 잡아 고객의 입에서 직접 그와 같은 말이 나오지 않아도 자연스럽게 권유해 보는 것이다. 그러면 고객은 '저 사람은 잘 알고 있다' '신뢰할 수 있다'는 평가를 해줄 것이다.

모든 내용을 표면적인 언어만으로 이해하는 것은 불가능하다. 말로 나오지 않는 부분은 배경으로 상상하고 '존중해 주는' 것이다.

서비스업의 강점은 이 '존중하는 힘'에 있다. 자연스럽게 고객이 원하는 것을 알아서 제공해 주는 것과 같은 그런 배려를 아는 사람이 신뢰할 수 있는 비즈니스 파트너다.

논점 정리 습관

문맥 이해력을 향상시키기 위하여 또 하나 추천하고 싶은 것이 '논점 정리 시트'를 만드는 것이다.

회의 전에 그 회의의 논점은 무엇인지, 각각 얻고자 하는 결론은 무엇인지, 어떠한 질문이 상정될지 등을 간단한 메모로 정리해 두는 습관을 들인다.

지난번 회의 때 의견이 엇갈린 포인트와 각자 중심적인 주장과 질문 등을 노트에 적어두고 그것과 이번 회의 자료를 주의해 보면서 어떠한 전개가 펼쳐질지 스토리를 예상해 두는 것이다. 사전에 상정해 두면 준비도 할 수 있고 냉정하고 적절하게 답을 할 수도 있다.

'무엇이 논점인가?' 하는 것을 사전에 정리할 수 있다면 소모적인 논쟁에 휘말리지 않고 본질을 논의할 수 있다. 회의에서 논의를 제대로 못하는 사람이 모이면 이야기는 곧바로 샛길로 빠지고 만다. 당신이 논점 정리 시트를 만들어 그것을 배포해도 좋고, 그 논의를 리드하는 것도 좋다.

이와 같은 경험을 거듭하면 능력이 향상되는 것이 당연하다.

교섭 시에 필수적

문맥 이해력은 바꿔 말하면 상대의 기분을 잘 이해하고도 자기의 주장은 분명히 관철시키며 게다가 원만하게 결론을 정리하는 능력이다.

그 능력이 가장 살아나는 것은 교섭을 할 때다. 외국인과의 교섭은 문맥 · 배경이 다른 사람과의 커뮤니케이션이지만 기본은 마찬가지다.

문맥이 상통하지 않는 많은 사람들과 커뮤니케이션 경험을 쌓고 여러 장면에서 다양한 논점을 정리하는 것으로 이 능력을 충분히 연마하기 바란다.

---

6) 논리적 사고력 | 과제해결 · 의사결정을 하기 위해 필요한 논리적 사고력을 테마로 한 책은 많이 있다. 넘치는 정보를 정리하고 구조를 이해하기 위해 도표화하여 거기에서 명확해진 내용을 다른 사람에게 전하기 위한 커뮤니케이션 기술에 대해 다룬 것이 많다. 어쨌든 자신에게 있는 논리적 사고의 수법을 빨리 찾아내어 그것을 충분한 실천으로 시험하고 익혀가는 것이 중요하다.

자기경영 7
전문 구축력

정의	독자적인 강점을 계획적으로 만들어내는 힘
표준개발연령	30대~40대
만일 이런 능력이 없다면	40세가 넘어도 자신감을 가지고 할 수 있는 일이 없다
관련 능력	긍정적인 사고력, 지속적인 학습력, 인맥 개척력, 지도력

30 대가 되면 누구나 부딪치는 업무상의 과제는 '나의 전문성을 어떻게 만들어갈까?' 하는 것이다. 가령 관리직이 되고 싶어도 전문성은 필수다. T자형 인간이나 V자형 인간이라는 말이 예전에 많이 쓰였는데 그것은 T자의

가로선이나 V자의 벌어진 모양이 전문성에만 머물지 않는 광범위한 업무 능력을 가진 사람을 의미한다. 자신의 전문 분야가 있지만 전문 분야 외에도 어느 정도의 능력을 지닌 사람이 이상적인 인재상이었다.

실제로 전문성을 극대화하면 어떤 종류의 일반성이 나온다. 영업 부문과 생산 부문은 여간해서 가치관이 맞는다고 하기 어렵지만 각각 진정한 프로끼리는 맥락이 통한다. 디자이너든, 연구 개발자든, 기능자든 프로 중의 프로는 영업을 시켜도 일류로 해낸다.

그런 전문성은 그저 그 분야의 일을 한다고 해서 저절로 몸에 익혀지는 것이 아니다. 이것을 자신의 전문 분야로 연마해 가려는 굳은 결의 아래 매우 면밀한 계획을 세워 완성시킬 필요가 있다.

무엇을 자신의 전문 분야로 선택할까?

처음으로 해야 할 것은 무엇을 자신의 전문 분야로 할지 선택하는 일이다. 그러나 아마도 쉽게 결단을 내리지 못하고 망설이고 있을 것이다.

선택하는 기준에는 몇 가지가 있다.

1. 지금까지 충분히 경험을 축적한 분야일 것

경험이 전혀 없는 분야보다는 어느 정도의 실무 경험이 있는 분야가 바람직한 것은 말할 것도 없다. 그렇다고 절대조건은 아니다.

지금까지 경험한 것 중에 전문 분야로 삼아도 좋겠다고 생각되는 분야가 불행히도 없었다면 처음부터 다른 것을 찾는 것도 괜찮은 방법이다. 그런 경우에는 사내 이동으로 그 전문성을 살릴(배울) 수 있는 부서가 있는지 살펴보는 것이 매우 중요한 조건이 된다. 실무 경험을 쌓을 수 있는 부서를 찾을 수 없다면 그 길은 매우 험난해진다.

2. 사내에서 주목받을 전망이 있거나 사회적으로 높은 요구 존재가 명확하게 밝혀진 것

업무에 살리기 위한 전문성이기 때문에 활용할 수 있을지의 전망이 필요하다. 앞으로 당신의 회사에서 필요하다고 볼 전문성 가운데 사내에 인재가 충분하지 않은 부문이 무엇인지 생각해 보는 것도 좋다. 사내의 인재가 부족해서 외부에서 중도 채용을 하는 업무에서 착안해 보기 바란다.

3. 비교적 단기간에 어느 정도의 수준에 이를 가능성이 있는 것

프로로 돈을 받기 위해서는 상당한 수준에 이르지 않으면 안 된다. 제몫을 할 수 있기까지 10년에서 20년이 걸리는 전문 분야는 피하는 것이 현명하다. 최소의 노력으로 최대의 성과를 올릴 수 있는 것은 무엇일까 하는 관점에서 찾기 바란다.

4. 전문 업무를 즐겁게 하고 있을 자신을 상상할 수 있는 것

누구에게나 직무 적성이 있기 때문에 잘 맞지 않는 분야는 선택하지 말아야 한다. 숫자에 약하고 섬세한 일을 좋아하지 않는 사람이 회계 전문가를 목표로 한다면 결과가 좋을 리 없다. 이 기회에 업무적성검사를 받아보는 것도 좋다.

전문 분야 선택

나 역시 서른에 들어서면서 전문 분야를 만들어야겠다고 생각했다. 그리고 무엇을 내 전문 분야로 할지, 어떤 것이 앞으로의 인생에 도움이 될지를 충분히 생각했다.

그때까지 경험해 온 것은 편집 업무와 카피라이터로서의 일이었는데 이것은 일찌감치 포기했다. 고만고만하게는 잘해도 일류가 되는 이미지가 떠오르지 않았기 때문이다.

그리고 또 한 가지는 나이를 먹을수록 감성이 둔해져서 그런 능력의 수명이 다했다는 느낌이 들었기 때문이다. 실제로는 연륜으로 능력이 발휘되는 일도 있기 때문에 나이를 먹는다고 꼭 불가능할 것은 없었지만 설령 그 일을 선택한다 해도 역시 최고의 프로는 되지 못할 것이라고 생각했다.

그나마 다행인 것은 유명한 카피라이터나 편집자를 만날 기회가 많아 가까이에서 그런 사람들을 보아왔기 때문에 그들을 이길 수는 없다고 과감하게 포기할 수 있었을지도 모른다.

이미 경험이 있는 것에서 선택하지 않는다면 회사나 사회가 필요로 하는 것이 무엇일까를 생각했다. 고심 끝에 찾아낸 것이 '고용·노동문제에 사내에서 가장 정통한 일'을 하는 것과 '관광을 전체적으로 이야기할 수 있는 일'을 하는 것이었다.

나는 그때까지의 경험으로 내가 실무형이 아니라 기획형이라는 것을 깨달았다. 그림으로 그린 것을 실제의 모양으로 만드는 것은 다른 사람에게 맡기는 편이 좋은 일이라고 생각했다. 그래서 각 분야의 상류 공정에서 설계하거나 구상 기획을 목표로 하기로 결정했다.

리쿠르트사는 인재에 대한 상세한 정보가 있는 회사지만, 당시는 고용·노동문제에 대해 전반적으로 이야기할 수 있는 사

람이 거의 없었다. 그런데 리쿠르트사 입장에서 그 분야의 전
문가가 한 사람 정도 있으면 좋겠다는 생각을 하게 되었다. 그
렇다면 도전해 보자고 마음먹었던 것이다.

관광분야는『쟈란(じゃらん)』이라는 여행 잡지의 창간을 계
획하던 때였으니 이것도 앞으로 필요성이 있는 분야라는 생각
이 들어 선택했다.

우선 서점에 가서 양 분야의 관련서적을 구입했다. 그러자
양쪽 모두 전문가가 많기는커녕 인력이 턱없이 부족한 분야였
음을 깨달았다.

노동경제학은 그다지 주목을 받지 못하는 학문이었고 그 당
시에는 실업률이 낮았기 때문에 평론가나 정치가 중에서도 이
영역에 강한 사람이 많지 않았다. 관광 분야도 공식적인 학문
으로 관광학이 인정을 받지 못했고 관광 정책도 그다지 중요한
정책 분야로 취급되지 못한 실정이었다. 그래서 이 분야라면
지금부터 열심히 한다면 두각을 나타낼 수 있을지도 모르겠다
는 결론에 이르렀다.

결국, 인재종합서비스의 기획 부서를 희망하여 이동하고
전·취직의 새로운 흐름을 만드는 일을 시작했다. 그리고 취직
협정폐지라는 커다란 변화를 맞았을 때 신규졸업상품의 발본
개혁이라는 업무로 이끌 수 있었다. 또 지금의 아타미로 이사

하여 관광업을 가까이에서 느끼면서 지역의 관광 진흥을 돕는 지역활성사업부라는 조직을 기안하여 만들고 겸임하여 양쪽 전문가의 가능성을 쫓을 수 있었다.

그리고 워크연구소라는 고용·노동문제의 연구소를 세워 이 분야를 나의 전문 분야로 키워나갈 것을 결심했다.

이론과 실천의 두 바퀴

전문 분야를 구축하기 위한 중요한 원칙은 '이론과 실천 양쪽을 고루 풍부하게 만들어가는 일'이다. 실제로 할 수도 있고 이론적으로 설명할 수도 있다면 전문가라고 할 수 있다.

실천은 무엇보다 실무 경험으로 축적시키지 않으면 안 된다. 이론은 대학이나 대학원에서 배우는 방법도 있고 전문서적을 보며 독학하기도 하고 관련된 자격증이 있다면 그 자격증 취득을 목표로 공부하는 것도 좋다.

중요한 것은 '양쪽'이라는 점이다. 제1장에서도 지적했듯이 자격증이나 이론만으로는 충분하지 않다. 또한 아무리 실무 경험이 있어도 그것을 조리 있게 말로 설명하지 못하면 가르치는 일이나 새로운 비즈니스를 시작하는 일도 불가능하다.

내 전문 분야 구축은 완전히 지식선행으로 나중에 인사이동
과 새로운 조직이 생기는 것으로 실천 경험을 쌓았다. 그러면
이론을 좀더 공부할 필요가 생긴다. 그 반복으로 나는 비교적
단기간에 어느 정도의 수준까지 갈 수 있었던 것이다.

노트에서 이론과 실천을 묶는다

실천과 이론의 쌍벽을 이루기 위하여 중요한 역할을 해주는
것이 직접 만든 노트다. 실천하면서 생기는 의문점이나 깨달은
것을 노트에 기록해 두는 것이다. 그리고 같은 노트에 전문가
에게 묻거나 책에서 읽었던 것, 직접 시험해 보고 싶은 것도 적
어 넣는다.

노트에 적는 것은 실제 하고 있는 행위를 일단 말로 바꿔놓
아야 하기 때문에 그것 자체가 이론화에 도움이 된다. 이렇게
경험과 언어를 모두 쌓아가면 비교적 원만하게 실천과 이론 모
두를 풍부하게 할 수 있다.

나는 현재 세 종류의 노트를 활용하고 있다. 하나는 회의를
할 때 가지고 가는 논점 정리 노트(문맥 이해력 항 참조). 지금 가
장 많이 사용하는 것은 나의 전문 분야에 대해 새로운 정보에

부딪쳤을 때 그 자리에서 메모를 할 수첩 크기의 노트. 또 하나
는 A4 사이즈로 이론을 학습했을 때 도표화하여 정리하기도 하
고 실천한 것을 반복하여 언어화하기 위한 노트다.

전문 분야를 복습하기 위해서는 노트 활용을 잘하는 것이 키
포인트다. 그중에서도 실천한 것을 이론적으로 정리하거나 도
표화하여 정리한 노트는 전문 구축을 가장 잘 도와줄 것이다.

프로가 모르는 것은 유죄

자신의 전문 분야를 정한 이상 커다란 짐을 등에 짊어진 것
이다. 그 분야에 관한 한 모든 것을 알고 있지 않으면 안 된다.

새로운 아이디어를 생각해 냈다고 하자. 하지만 이미 오래전
에 누군가가 그런 생각을 하고 있었을지도 모른다. 그것을 모
른 채 마치 자신만의 것인 양 휘두른다면 그것은 도용이고 그
이상으로 큰 창피를 당할 수 있다.

학술논문을 쓸 경우[7])에도 우선 선행연구에서는 어디까지가
해명되었는지를 모르면 자신의 학문적 성과를 논문으로 정리
할 수 없다.

새로운 지식이란 절대로 발견이 아니며 지금까지 있는 것 위

표2-4 기업경영의 프로에게 요구되는 능력 요건

① 인적자본 관리력

1-1 인재평가 · 육성력
1-2 인재관리 능력
1-3 인재 조달력
1-4 다운사이징 노하우

② 유형자산 관리력

2-1 구매 · 조달력
2-2 재고 관리력
2-3 설비 관리력
2-4 부동산 관리력

③ 무형자산 관리력

3-1 정보 시스템 관리력
3-2 데이터베이스 관리력
3-3 특허 · 저작권 · 상표 관리력
3-4 노하우 · 지식 관리력

④ 재무 통괄력

4-1 금융자산 평가력
4-2 밸런스 시트 관리력
4-3 자금조달 노하우
4-4 자산압축 노하우

⑤ 캐시플로 관리력

5-1 세무 지식
5-2 코스트 구조 분석 · 개혁력
5-3 캐시플로 분석 · 계획력
5-4 P/L 관리력

⑥ 기업평가 · 조직화 능력

6-1 기업 평가력
6-2 비즈니스 프로세스 분석 · 구축력
6-3 프로세스 매니지먼트 · 콘택트력
6-4 경영 계획 책정력

⑦ 비즈니스 개발력

7-1 마켓 · 채널 개발력
7-2 서비스 혁신력
7-3 상품 · 서비스 개발력
7-4 기술 개발력

⑧ M&A 추진력

8-1 보완사업 · 기업매수 노하우
8-2 영업양도 · 사업매각 노하우
8-3 사업통합 · 합병 노하우
8-4 회사 분할 노하우

⑨ CSR 추진력(기업의 사회적 책임)

9-1 준법경영(컴플라이언스) 노하우
9-2 소셜 마케팅력
9-3 기업통괄(거버넌스) 노하우
9-4 자금정책 노하우

⑩ 퍼블릭 리레이션(public relation)력

10-1 비전 작성 노하우
10-2 사내홍보 노하우
10-3 IR 노하우
10-4 브랜드 매니지먼트력

출처: 인재 수요조사 2003년(경제산업성)

에 쌓아올리는 것이기 때문에 기존의 지식을 모르면 아무것도 할 수 없다.

또한 사회적으로 일어나고 있는 관련된 일이나 사례도 알고 있어야 한다. 다른 사람에게서 이런 뉴스에 대해 어떻게 생각하느냐고 전문 분야에 대해 질문을 받고 '그게 무슨 이야기입니까?' 하고 말하는 사람은 전문가라고 할 수 없다.

일단 전문 분야로 정했다면 신문의 관련기사나 전문잡지의 주요 기사는 일상적으로 체크해야 하는 것이 프로의 '의무'다.

반드시 필요한 전문가 네트워크

당신을 제외한 다른 전문가와의 인적 네트워크를 구축하는 것도 전문성 구축에 있어서 아주 중요한 포인트다. 정보는 공개정보 외에 인적 네트워크로 전해지기도 하고 무언가 알고 싶은 안건이 있을 때 자기 이외의 프로에게 문의하여 해결할 필요가 있기 때문이다.

실천 경험, 체계적인 이론, 그리고 그 분야에서의 전문가 간의 네트워크. 이 세 가지가 고루 갖춰졌을 때 비로소 '이것은 나의 전문 분야다'라고 당당하게 말할 수 있다.

그렇게까지 되기는 너무 힘들다고 생각될지도 모른다. 하지만 확실하게 몰두하다 보면 반드시 가능한 일이다.

마음 굳게 먹고 하느냐 마느냐, 그것이 문제다.

---

7) 학술논문을 쓴다 ㅣ 실무적인 경험이나 업적뿐만이 아니고 학술적인 실적을 올려놓으면 전문성을 보다 강하게 어필할 수 있다. 전문 분야에 가까운 학회에 가입하여 학회지를 읽고 투고해 보는 것도 좋다. 그렇지 않으면 단독으로 책을 써서 발표하는 것도 실적이 된다.

자기경영 8
인맥 개척력

정의	비즈니스 동료나 정보원이 되는 사람을 개척하고 그 관계를 유지해 가는 힘
표준개발연령	30대~50대
만일 이런 능력이 없다면	직책을 벗었을 때 아무것도 할 수 없다
관련 능력	호감을 주는 능력, 문맥 이해력, 전문 구축력, 위임 능력

일을 하는 데 필요한 정보원이 되는 인맥을 개척하거나 동료로 함께 일할 수 있는 상대를 발견하는 능력이 중요하다는 점에는 아무도 이견이 없을 것이다. 하지만 실제로는 평소에 거래처나 회사 일에만 관심을 가졌기 때문에 유

사시에 무언가를 하려고 할 때 좀처럼 필요한 인맥 네트워크가 제 역할을 하지 못한다.

인맥은 나이를 먹을수록 더 중요해진다. 사외 인맥이 없으면 좋은 일을 하지 못한다고 해도 지나친 말이 아니다. 하나의 인맥이 비즈니스의 행방을 크게 좌우하는 경우도 있으므로 어느 정도의 관리직이라면 필수적이다. 인맥이 없는 사장은 생각할 수 없는 것처럼 말이다.

또 젊은 시절에는 아무리 사외의 네트워크를 넓혀도 상대도 대부분 젊고 능력도 없으며 그중에서 장래에 뛰어난 인물이 될 사람도 지극히 일부에 지나지 않는다. 따라서 그다지 인맥 개척력의 중요성은 높지 않다. 그러나 30세를 지나 관리직에 오르고 전문 분야가 보이기 시작하면 인맥 형성의 중요한 시점에 해당한다.

그럼 어떻게 하면 인맥이 개척될 수 있을까? 인간관계를 만드는 것이므로 매너와 예의를 차리고 일과 약속에 대해 성실해야 한다.

그럼 그 외에는 어떠한 능력이 필요할까? 또 애써 만난 사람을 인맥이라고 할 수 있을 관계까지 이어가려면 어떠한 행동이 필요할까?

그것을 생각해 보기로 하자.

우선 만나고 싶은 사람을 만난다

인맥은 우리나라 사람이든 세계 어느 나라 사람이든 무턱대고 사이만 좋아지면 다 되는 것이 아니다. 업무에 필요한 정보를 가지고 있는지, 업무상 파트너가 될 수 있는지, 자신의 인간성이나 교양을 높이는 데 도움이 될 사람인지, 그런 소득이 없으면 의미가 없다.

인맥 형성이라고 하면 이직종 교류회와 같은 것을 바로 떠올리겠지만 너무 잡다한 사람이 모이는 곳은 옥석이 너무 많이 섞여 있어 인맥 형성에 효율적인 곳이 아니라서 추천하고 싶지 않다.

오히려 전략적으로 만나고 싶은 사람을 만나 관계를 형성하는 것이 좋다. 나는 예전에 편집자로 일했는데 이것은 인맥 형성에는 최고의 직장이었다.

만나고 싶은 사람이 있으면 그 사람을 취재할 편집기획을 세우고 만날 수 있기 때문에 그 사람의 저서 또는 기사나 발언을 사전에 읽고 무엇을 물을지, 무엇을 자신의 생각으로 전할지를 준비하여 취재하러 가는 것이다. 나는 그런 일이 가능한 편집자의 일이 즐거워서, 찡그린 얼굴로 일하는 후배 편집자에게 '이렇게 즐거운 일을 하면서 왜 그래? 일을 좀 즐기면서 해'라고 말하곤 했다.

편집자가 아니어도 잘 연구하여 자신이 만나고 싶은 사람에게 영업적으로 약속을 얻어내는 것도 좋을 것이고, 스터디나 이벤트 알선을 적극적으로 주선하여 자신이 부르고 싶어 하는 사람을 강사나 게스트로 초청하는 방법도 있다.

강연을 청강하는 것도 하나의 계기는 될 수 있지만 끝난 후에 명함 교환과 이야기를 나눈다 해도 아무래도 1 대 1이 되기는 어렵다. 가능하면 소수 인원으로, 어느 정도의 시간 동안 이야기를 나눌 수 있는 상황을 만들기 바란다.

만나고 싶은 사람을 만나 그 관계를 형성해 간다. 이것이 가장 명확한 인맥 형성의 시나리오다. 무엇보다 만나러 가고 만날 기회를 만드는 행동력이 중요하다.

다시 만난다

한번 만난 사람과 그 다음엔 어떻게 하면 좋을까. 가장 중요한 것은 다시 만나는 일이다.

예를 들어 당신이 처음으로 간 초밥집이 마음에 들어 단골손님이 되고 싶을 때 어떻게 하겠는가? 가까운 시일 내에 다시 한

번 가서 아주 마음에 들어서 또 왔다는 것을 주인에게 말할 것이다.

이와 같이 첫 대면 후에 다시 한번 곧바로 안면을 튼 후에라야 세 번째는 비로소 '단골'이라고 할 수 있다.

인간관계도 마찬가지다. 애써 마련된 초대에서 좋은 시간을 공유했어도 그대로 방치하면 그 관계는 곧 사라지고 만다. 따라서 다시 한번 무언가 이유를 만들어 만나야 한다.

만나는 이유는 가능하면 첫 번째 만났을 때 만들어두기 바란다. 서로가 다 아는 친구와 함께 식사를 하는 것도 좋다. 두 번째라면 그 사람이 주재하는 공부 모임이나 강연에 가는 것도 좋을 것이다. 상대가 흥미를 가지고 있는 정보를 자신이 준비할 수 있다면 그것을 가져다주는 방법도 있다.

영업에서 첫 번째 방문했을 때는 고객에게서 무언가 숙제를 받아오는 것도 좋은 방법이다. 그것은 다시 만날 훌륭한 이유가 된다.

단기간에 두 번 만나면 얼굴과 이름을 완전히 일치시켜 상대의 기억 속에 남을 수 있다. 물론 처음 만난 다음 날과 두 번째 만나기 전날 사이에 메일을 보내는 등의 매너는 빠뜨리면 안 된다.

제3자의 소개는 관계성을 깊게 하는 테크닉

인간관계를 더 깊게 하기 위해 당신의 지인을 그 사람에게 소개하거나 혹은 그 사람을 당신의 지인에게 소개하는 방법이 있다.

예를 들면 당신이 인맥관계를 형성하고 싶은 사람에게 유익한 인맥이 될 만한 사람을 당신의 인맥에서 찾아내어 소개하는 것이다. 만일 잘되면 인간관계가 1 대 1의 관계에서 3인의 관계로 변화한다.

나의 경우, 편집자나 신문기자에게서 모니터링을 해줄 수 있는 적당한 사람을 소개해 달라거나, 연구회나 심의회의 위원으로서 누군가를 추천해 달라는 의뢰가 많다. 소개를 해주면 "~씨에게서 소개받았습니다" 하고 그 사람이 연락을 하기 때문에 직접적으로는 특별히 아무 일도 하지 않아도 내가 상대를 좋게 평가하고 있다는 것이 본인에게 전해진다.

이와 같은 인간관계를 만드는 법은 사회학의 '유대' 이론에 의해 효과가 있음이 증명되었다. A, B, C라는 세 사람이 있는데, A와 B, A와 C가 강한 유대관계(자주 만나는, 마음을 여는 관계)에 있다면 B와 C도 곧 유대관계가 이루어진다는 것이다. 사람을 소개하여 그 두 사람이 사이가 좋아지면 소개한 사람인

그림2-3 전직에도 효과가 있는 '약한 유대'

'늘 만나고 있는 사람(강한 유대)'보다 '거의 만나지 않는 사람(약한 유대)'에게서 도움이 되는 정보를 얻을 수 있다.

※ 강한 유대관계에 있는 사람은 이미 같은 정보를 공유하고 있을 가능성이 높지만, 약한 유대관계에 있는 사람은 신선한 정보를 가져다줄 가능성이 있다.

(스탠포드 대학 · 그라노베다 교수의 이론)

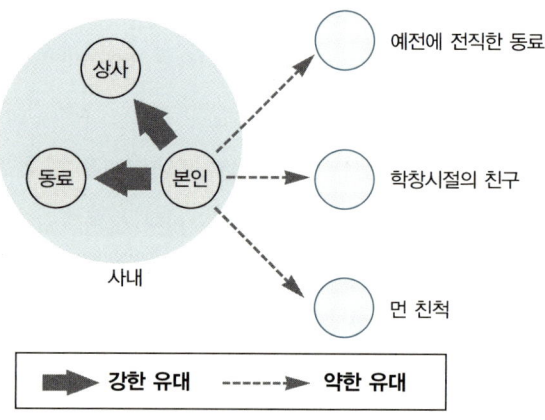

● 개인적인 접촉을 통하여 구인정보를 얻은 사람에게 그 상대와의 접촉 관계를 물은 결과

[빈번(주2회 이상)]	17%
[가끔]	56%
[드물게]	28%

출처: 워킹퍼슨 조사 2002년(리쿠르트 워크 연구소)

나와의 관계도 깊어진다.

give & give의 각오로(주고 또 주겠다는 자세)

'표적'적인 인맥 만들기 이야기에만 집중했는데 조금 더 인맥을 펼치는 일반적인 방법에 대하여 이야기하겠다.

인간관계는 'give & take'라는 말을 많이 한다. 언제나 일방적으로 정보를 받기만 해서는 그 관계는 오래가지 못한다. '베풀면 돌아온다'는 너무 단기적인 이익을 추구하려 하지 않고 가능한 내가 상대에게 많이 제공하는 것이 인맥 만들기의 요령이다.

도움이 필요해졌을 때 부랴부랴 서둘러봐야 그때는 이미 늦다. 평소에 'give & give'라는 생각으로 인맥을 구축해 두면 유사시에 도움을 받을 수 있다.

특히 정보면에서는 당신 자신이 귀중한 정보원이 되어야 한다. 즉 스스로 정보 제공력을 연마해 두지 않으면 안 된다. 그리고 당신이 정보의 '접속점'이 될 수 있다면 다른 정보도 모이고 인간관계 네트워크도 구축할 수 있다. 이것은 사내 인맥에서도 마찬가지다. 결국 정보가 있고 그것을 제공해 주는 사람에게 사람들은 모이게 마련이다.

교제비, 음식비를 아끼지 말라

여기서는 회사에서의 접대비를 말하는 것이 아니다. 자신의 수입에서 지출하는 교제비를 말한다. 저축하는 것도 나쁘지는 않지만 20대, 30대에는 자신에게 투자하는 것도 좋다. 도서 구입비는 물론, 사람을 만나 식사하거나 술을 마시는 경비는 절약하면 안 된다.

또한 마음에 드는 음식점이나 찻집을 몇 군데 알아두고 있어야 한다. 일식이든 경양식이든, 이탈리아 음식점이든 자신이 호스트가 되어 누군가를 데리고 갈 점포는 확실하게 점찍어두어야 한다. 좋은 점포를 발견하고 단골이 되려면 여러 번 가야 하기 때문에 꽤 많은 돈이 지출되겠지만 그것은 자신을 위하여 필요한 돈이다.

홈페이지에서 자기소개

사람을 만나기 전에는 반드시 상대를 가능한 한 많이 조사해 알아둔다. 그리고 상대에게도 자신을 알 수 있도록 해두는 것이 중요하다.

자기소개를 하는 정도의 홈페이지를 만드는 것은 인맥 형성에도 도움이 된다. 자기 자신의 전문성이나 실적, 취미 등의 개인적인 정보도 실어놓아 미리 훑어보고 만나면 이야기에 탄력이 붙는다. 사전에 만날 수 없었던 사람이면 홈페이지 주소가 들어간 명함을 건네 나중에 들어가 볼 수 있도록 배려한다. 만나는 동안에 전달되는 것에는 한계가 있기 때문에 그런 사이트는 효과적인 도구다.

나의 경우, 연구소의 홈페이지에 자기소개를 게재할 수 있어서 그것을 안내하고 있다. 회사의 홈페이지를 활용할 수 없는 사람은 개인 홈페이지를 만들어 그 주소를 명함에 적어 넣으면 좋을 것이다. 또 내가 쓴 책을 선물하기도 한다. 책은 만난 자리에서 선물하기에 손쉽고 어떤 책이든 한 권의 책 안에는 그 사람의 사람됨이 스며 있기 때문에 자기소개용으로 적절하다.

야근하지 않고 시간을 낸다

또 하나 인맥을 만드는 데 중요한 것은 가능한 한 야근을 하지 않는 것이다. 밤에는 외부 사람들과 정보교환을 하기도 하고, 자신의 정보력을 높이는 시간으로 활용한다. 그건 무리라고 생각할지도 모르겠지만 처음부터 야근하는 습관이 들어버리면 생산성이 저하된다. 무슨 일이 있어도 5, 6시까지 끝낸다고 결심하면 구속시간이 없이 재량형 노동을 하는 사람의 야근은 거의 제로에 가깝게 할 수 있으리라고 생각한다.

육아와 일을 양립시키고 있는 여성은 정해진 시간까지 열심히 일하고 아이를 데리러 간다. 그래도 도저히 끝내지 못했을 때는 집으로 가지고 간 일을 아이가 잠든 후에 하는 수밖에 없겠지만 자유롭게 야근할 수 있는 사람에 비하면 훨씬 효율적으로 집중해서 일을 할 수 있어 보인다.

나도 30대 후반부터 밤에는 공부를 하거나 사람을 만나기 위한 시간으로 정하고 능력이 닿는 한 야근은 안 하려고 해왔다. 끝내지 못한 일은 밤이나 주말에 보충하고 있다.

계속하여 성과를 올리려면 정보 입력을 빠뜨릴 수 없다. 일을 하고 있는 사람일수록 많은 아웃풋을 하고 있기 때문에 그만큼 인풋도 하지 않으면 고갈되고 만다. 인풋 방법은 여러 사람들에게 듣는 아직 활자화되지 않은 1차 정보를 얻는 일이다.

자기경영 9
위임 능력

정의	다른 사람에게 일을 부탁하고 맡기는 힘
표준개발연령	30대~40대
만일 이런 능력이 없다면	모든 일을 도맡아 큰일을 하지 못한다
관련 능력	문맥 이해력, 인맥 개척력, 상담 능력, 지도력, 중개 조정력

일의 세계에서는 사람을 크게 '사람을 이용하여 일하는 사람'과 '사람에게 이용당하여 일하는 사람'으로 나누어 볼 수 있다. 주요 성과를 자신이 만들지, 남에게 맡기면서 성과를 올려갈지의 차이다.

나는 전문직 타입이기 때문에 사람을 다루면서 일을 시키는 능력은 필요 없다고 생각하는 사람이 있다면 그것은 잘못이다. 이 문제는 현재 관리직이냐 아니냐, 전문직이냐 아니냐 하는 것과는 관계없다.

물론 관리직은 사람을 다루는 일이 필수요건이지만, 전문직이어도 사람을 이용하여 일을 하는 것이 대부분이다. 비록 조직의 리더가 아니어도 커다란 일을 완성시키려면 팀으로 일을 하게 되고, 그때 팀원에게 일을 맡기는 경우는 반드시 발생하기 때문이다.

대부분의 경우, 이 위임 능력은 조직 안에서 익히게 된다. 20대를 지나고 30대에 들어설 무렵에 비로소 부하직원을 한두 사람 두고 초급관리직 그룹에 들어가는 시기다. 이 무렵이 위임 능력을 익히게 되는 시기이다. 20대에 후배에게 일을 나누어주는 경험을 하면 그것이 워밍업의 기회가 될 것이다.

하지만 최근에는 대졸 신규채용이 줄어들어 같은 직장에 후배가 없이 30대를 맞는 직장인도 적지 않다. 그래서 위임 능력을 키울 좋은 기회를 놓치고 관리직이 되어도 남에게 일을 맡기는 일을 잘 못하는 경우가 늘어나고 있다.

만일 그대로 위임 능력을 갖지 못한다면 유감스럽게도 그 사람은 큰일은 하지 못한다. 언제까지나 혼자 할 수 있는 범위의 일밖에 성과를 올리지 못하기 때문이다.

얼마 전까지는 경제 성장으로 조직도 확대일로였던 시대였기 때문에 준비도 갖추어지기 전에 20, 30명이나 되는 조직의 리더가 되어 남에게 일을 맡기지 않을 수 없는 환경이었다. 그러나 이젠 그러한 조직 확대의 시대는 끝났기 때문에 의식적으로 위임 능력을 키울 필요가 생긴 것이다.

사실은 이 위임 능력을 익히는 데 있어서 누구나 넘어야 할 벽이 있다. 나는 이것을 '악마의 소리'라고 부르는데 마음속에서 메아리치는 악마의 목소리를 떨쳐버리는 것이 위임 능력 획득의 최대의 포인트다.

구체적으로 설명해 보겠다.

'내가 하는 게 빠르지' 하는 악마의 목소리

당신도 이렇게 생각했던 경험이 있을 것이다. 작은 일이라면 남에게 설명해서 이해를 시킨 후에 부탁하기보다 스스로 해버리는 것이 정말 빠르다. '누구에게 시키는 것도 귀찮으니 직접 해치우자' 하는 것이다.

더욱이 일을 부탁하는 것이기 때문에 때로는 싫은 얼굴을 할

지도 모른다. 애써 부탁한 것이 원하던 대로 되지 않았을 때 내가 다시 고쳐야 할지도 모른다. 그런 생각을 하는 동안에 '악마의 소리'가 들린다.

하지만 처음에는 자신이 해도 무리가 없겠지만 점점 힘들어진다. 예를 들면 처음 팀의 리더가 되어 후배 한 명을 맡았다고 하자. 그는 나보다 업무 기능이 훨씬 낮다고 하자. 그러면 처음에는 어떻게든 가르쳐서 후배에게 일을 하도록 해보지만 결국은 혼자 다 짊어지게 되어 야근을 해가면서 완성시킨다. 다음번에는 조금 더 큰 업무로 두 사람의 멤버를 받았다. 다시금 마지막에는 혼자 끌어안게 된다.

곧바로 노동시간은 심야로까지 이어지고 과로한 결과 자신의 패기도 사라져버린다. 이런 모습이 어쩌면 평균적인 30대 초반 비즈니스맨의 모습일지도 모른다. 완벽하게 '도맡은' 상태다.

그 다음에 조직원이 여러 명인 조직의 장(과장급)이 되었을 때는 이미 스스로 커버할 범위를 넘어서 급기야는 파국에 이르고 만다. 관리직으로서의 자질이 부족한 사람으로 낙인찍히고 마는 것이다. 이렇게 되지 않으려면 반드시 위임 능력을 익혀두지 않으면 안 된다.

다른 사람에게 일을 의뢰하는 것은 자신의 생각대로 완성시켜 오지 않을 위험을 동반하고 있다. 바라는 대로 완성을 실현시키려면 그 일의 목표나 포인트를 분명하게 설명하는 것은 필수적이다.

물론 잘 설명해도 제대로 마치지 못하는 경우가 왕왕 생긴다. 하지만 맡긴 이상 어느 정도는 감수해야 한다. 오히려 손질을 더 많이 해야 하는 일이 생겨도 맡긴 사람을 지원하면서 마지막까지 완성시키도록 한다. 이렇게 참지 못하면 리더가 될 수 없다. 도중에 일을 빼앗아오기라도 하면 당신은 이미 그 사람에게는 일을 맡길 수 없다. 그 결과 늘 일을 껴안고 사는 자신을 발견할 것이다.

사실 자신이 일을 완성하기보다 남에게 맡겨 완성시키는 것이 훨씬 어려운 일이다. 왜냐하면 자신이 암묵적으로 알고 있는 것을 제대로 설명하여 상대가 알 수 있도록 하지 않으면 일을 맡길 수 없기 때문에 기능을 형식지화形式知化[8]하지 않으면 안 된다. 더구나 상대의 이해상황을 파악하여 정확하게 알고 있다는 것을 확인해 두지 않으면 나중에 엄청난 일이 생긴다. 도중에 수시로 경과를 체크하는 것도 필요하다.

그리고 만일 그것만으로 완성이 제대로 안 되었다면 수정을 해야 한다. 처음부터 스스로 하기보다 남의 일을 중간에 수정하는 것이 난이도가 높기 때문에 보다 높은 기능을 가져야 하는 것이다.

그래서 직접 하는 것이 빠르다기보다는, 남에게 제대로 가르쳐주지 못하고 직접 할 줄 밖에 모른다는 표현이 정확하다고 할 수 있다. 절대로 상대의 수준이 낮아서가 아니라 어디까지나 자신이 능숙하지 못하기 때문에 남에게 맡기지 못한다는 인식을 해야 할 것이다.

'당연히 할 수 있어야 할 일' 이라는 악마의 소리

비록 회사 업무이기는 하지만 당신이 부탁한 일을 해준 것이니 분명하게 치하하고 평가해 준다. 하지만 실제로 잘하는 것은 당연한 일이고 조금이라도 충분하지 못하면 마구 비난을 해대는 사람이 많다.

이것은 일 잘하는 사람에게서 많이 보이는 특징이기도 하다. 자신의 실력이 훨등하면 다른 사람이 일에 서툰 것이 잘 드러나 보이기 때문에 여간해서 좋게 평가해 줄 만큼 완성시켜 오지 못한다. 따라서 자꾸 불만을 품는다.

하지만 당신의 '지시'를 받아주는 것이니 당신보다 높은 결과가 나오기를 기대하는 것은 무리다. 아니 오히려 설명이 부족해서 결과가 나빴다고 생각해야 한다.

　남에게 무엇을 부탁했으면 충분히 감사하고 평가해 주어야 한다. 그리고 더 개선해야 할 점이 있다면 정중하게 설명하도록 한다. 그리고 가능하면 의뢰한 업무가 그후에 어떻게 활용되었는지 나중에 알려주는 배려도 잊지 말아야 한다. 그렇게 하면 맡아서 일한 사람도 업무의 달성감을 맛볼 수 있고 의욕도 생긴다.

　감사의 말은 한마디도 없이 잔소리만 해대고 당연히 해야 할 일이라는 태도를 보이면 더 이상 당신과 일하고 싶지 않을 것이다. 회사 일이기 때문에 하는 수 없이 할지는 모르지만 그와 같은 관계가 계속된다면 언젠가는 아무도 당신의 일을 맡지 않으려고 할 것이 틀림없다.

　악마의 목소리를 떨쳐내고 꼭 상대가 느낄 수 있는 형태로 감사의 표시를 하기 바란다.

신뢰하려면 '보는 눈'이 필요하다

　조금 더 다른 각도에서 위임 능력을 생각해 보기로 하자. 위임 능력이 있는 사람에게 공통된 요소는 무엇인가 하는 것이다.

우선 사람을 신뢰하는 능력이 있는 것이 아닐까? 사람을 신뢰하는 능력이라는 것은 단순히 사람을 좋아하는 차원에서 나오는 것이 아니다.

사람의 강점과 약점, 능력을 분명히 확인하고 '이 사람에게는 이런 일을 해내는 능력이 있다'고 확신할 수 있는 것이 상대를 신뢰하는 기본이다.

그만큼 사람 보는 눈이 필요하다. 그렇기 때문에 위임 능력이 높은 사람은 사람 보는 눈에 자신감이 있는 사람이다. 자신이 틀림없다고 판단하기 때문에 과감하게 맡기는 것이다.

특히, 자신이 할 수 있는 일을 위임하는 것이 아니라 자신이 하지 못하는 일을, 고도의 전문성을 가진 사람에게 맡길 때에는 신뢰하는 능력을 빠뜨릴 수 없다. 자신이 보완해서 도와줄 수 있는 분야가 아니기 때문에 능력을 분명하게 평가한 후에 의뢰하지 않으면 낭패를 보기 때문이다.

이처럼 사람 보는 눈은 적지 않은 실패를 겪으면서 생기는 것이다. 몇 번이고 사람들에게 배신을 당하기도 하고 기대했던 사람의 저버림으로 힘들었던 경험을 쌓지 못하면 사람 보는 눈은 길러지지 않는다. 무너진 기대를 마이너스 에너지로 만들지 않고 자신을 키우는 힘으로 만들어온 사람이 비로소 가질 수 있는 능력이다.

설계도의 카세트화

누군가에게 일을 의뢰할 때는 그 일의 전반적인 완성형이 보여야 한다. 즉 처음 업무에 착수할 때는 계획을 세우지 않고 일단 손부터 대고 궤도수정을 하면서 일을 마무리해 가는 방식의 사람은 제대로 위임을 못한다. 왜냐하면 무엇을 부탁해야 할지 모르기 때문이다.

더구나 부탁한 것이 도중에 방침이 변경되거나 뒤바뀌어버리면 부탁받은 사람의 입장에서 볼 때는 너무 당혹스러운 일이다. 따라서 업무 전체의 개요와 완성형을 미리 정해서 스케줄을 세우고 작은 업무의 덩어리(카세트)로 분해해 두는 것이 중요하다.

나는 업무에 착수할 때 대략의 설계를 미리 한 후에 시작한다. 그렇지 않으면 쓸데없는 시간이 많이 걸리고, 마감이 있으면 그 설계에 기초하여 서둘러 의뢰할 것은 의뢰해 두지 않으면 안 되기 때문이다.

그림 2-4는 내가 원고의 집필을 잡지사 등에서 의뢰받았을 때의 순서와 설계 내용에 대해 정리한 것이다. 이렇게 설계를 하면 단일 업무도 팀으로 할 수 있다. 팀으로 일을 할 수 있으면 질 높은 일도 가능하다.

그림2-4 설계도 만들기와 업무의 카세트화 - 원고 집필의 사례

원고의 사전협의
○ 마감 ○ 독자 ○ 내용 등

필요 시간의 기준

□ 참고문헌의 수집	1일	**카세트 ①**
□ 관련기사 등의 검색	2시간	후공정을 고
□ 가까이에 있는 화젯거리 정리	1시간	려하여 의뢰
□ …		할 것과 직접
		할 것을 구분

핵심 설계
○ 줄거리 ○ 스케줄

□ 데이터의 재집계	2일	**카세트 ②**
□ 현장의 소리 듣기	1일	위와 같음
□ 도표 작성	6시간	
□ 예비조사	1시간 ~ 며칠간	
□ …		

원고 집필

□ 원고 교정	2시간	**카세트 ③**
□ 인용문의 수속	1일	위와 같음
□ 잡지사와의 확인	3시간	
□ 프로필 사진 등 전달	1시간	
□ 원고 입고	1시간	
□ …		

종 료

당신의 주위를 둘러보기 바란다. 아마 위임 능력이 있는 사람과 그렇지 못한 사람으로 간단하게 분류가 될 것이다. 위임 능력은 남에게 한창 일을 의뢰할 수 있는 시기에 확실하게 익혀두지 못하면 평생 익히지 못할 가능성이 높다. 부디 악마의 목소리를 물리치고 내일부터는 실천해 보기 바란다.

---

8) 형식지화 | 히토츠바시 대학 대학원一橋大學大學院의 노나카 이쿠지로野中郁次郎 교수는 눈으로 보기 어렵고 표현하기 어려운 암묵지와, 전자적으로 전달 가능한 데이터베이스로 구축할 수 있는 형식지로 지식을 구분하여 동서양의 지식 방법론의 차이를 설명했다.

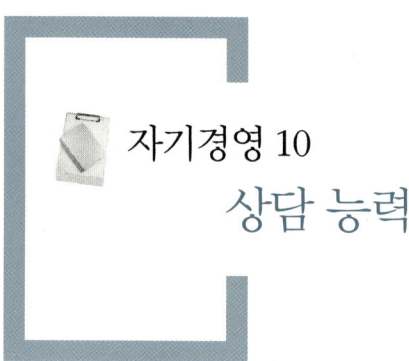

자기경영 10
상담 능력

정의	상담하는 능력으로 다른 사람의 이야기를 듣고 문제를 함께 생각해 가는 힘
표준개발연령	40대~60대
만일 이런 능력이 없다면	상대의 가치관을 무시하고 자신의 사고방식으로 밀어붙여 설교처럼 된다
관련 능력	문맥 이해력, 위임 능력, 중개 조정력

10 능력부터 12능력에서는 어느 정도의 전문성을 가진 사람이 그 전문성을 더욱 살리기 위해 익혀야할 능력에 대해 소개하겠다. 40대에 들어섰을 때, 혹은 두 번째 커리어를 생각할 때 이 세 가지 능력을 떠올리기 바란다. 앞으

로 경영간부가 될 사람이나 독립 창업을 할 사람에게도 도움이
될 것이고 구조조정을 당하지 않고 조직 속에서 살아남기 위해
서도 도움이 될, 이른바 '공수' 모두 도움이 될 능력이다.

먼저 '상담 능력'이다. 본래 카운슬러는 대학원 석사과정의
카운슬링 교육 프로그램을 이수한 사람이기 때문에 '카운슬링
능력'이라고 잘라 말하면 오해를 살지도 모르겠다. 일반적으로
카운슬러는 그때까지의 인간관계가 없었던 사람과 카운슬링
관계를 맺지만 여기에서는 오히려 자신의 부하나 후배 등을 대
상으로 어드바이스하는 것에 주안점을 두고 있으므로 '상담'
쪽에 가까운 개념이다.

이 능력은 간단하게 말하면 다음과 같다.

1. 상대에게서 신뢰받는 인간관계를 쌓고 그것을 토대로 한다.
2. 상대의 가치관이나 특성을 충분히 인정한다.
3. 전문적인 어드바이스로 상대가 결정하게 하는 능력이다.

남의 이야기에 귀 기울이지 않게 되는 중년 세대는 경험을
쌓고 전문성을 가지고 일정한 판단력을 가지면서 점점 미숙한
상대의 이야기는 답답해서 참고 들어주지 못하게 된다. 상대의
역량이나 가치관 등은 생각하지 않고 '이렇게 하면 돼!'하고

일방적인 방법을 밀어붙이거나, 기껏 열심히 궁리하고 고민한 끝에 이야기하고 있는 상대에게 '그래서 어떻게 했다는 말이야!' 하고 결론을 채근하거나 이야기를 도중에 가로막아버리기 십상이다.

전문성을 높이고 경험을 쌓는 것은 중요한 일이지만 이와 같은(주로 후배나 부하를 대하는) 태도를 취하면 조언을 구할 사람들이 끊겨 결국 고립되어 버릴 수 있다. 그 나름대로 프로이기는 하지만 그 이상은 아니라는 평가로 끝나고 만다. 팀을 이루어 성취해야 하는 일이 적지 않기 때문에 커다란 손실이다.

당신도 그런 사람은 아닌지 생각해 보기 바란다.

카운슬러형 상사를 목표로 한다

한편 요즘 젊은 직장인들이 이상적인 상사로 생각하는 스타일은 업무의 의미를 분명하게 설명해 주고 자신의 장점을 인정해 주며 성장할 수 있도록 신중하게 어드바이스도 해주는 이른바 '커리어 카운슬러형' 상사다.

아무리 답이 옳아도 일방적으로 밀어붙이기만 하는 상사는 인기가 없다. 신뢰관계를 만들어 젊은 사람이 상담을 청하기 쉬운 분위기를 만들고 자신을 잘 이해해 주고 적절한 어드바이스를 해주는 상사가 되어주기를 바란다.

'커리어 카운슬러형' 상사는 젊은이들의 상대뿐만 아니라 이상적인 매니저의 모습이기도 하다.

모두가 다 승진하고 승급할 수 있는 환경은 이미 과거의 일이다. 개개인이 업무의 의의를 느낄 수 있고, 가지고 있는 능력을 충분히 발휘할 수 있으며, 성장하고 인정받는 것으로 자신의 존재 의의를 느낄 수 있는 그런 매니지먼트를 해주는 상사가 필요한 시대가 되었다.

국내에 상륙한 커리어 카운슬러

커리어 카운슬러형이라고 했는데 여기에서 커리어 카운슬러에 대해 설명하겠다.

커리어 카운슬러는 직업 선택과 그 준비를 하는 개인에게 전문적인 지식으로 카운슬링을 하는 사람을 말한다. 미국에는 오래전부터 커리어 카운슬러라는 직업이 뿌리내려져 있으며[9] 약 20만 명에 달하는 프로 커리어 카운슬러가 학교, 공공직업소개소, 인재 비즈니스, 기업 등에서 활약하기도 하고 독립 창업의 형태로 일하고 있다.

아직 우리나라에는 흔한 직종은 아니지만, IMF 이후 퇴직자 재교육 과정을 거치면서 부쩍 관심을 끌고 있는 직업이다. 대기업의 구조조정 과정에서 퇴직자의 재교육을 통해 재취업시키고, 창업 컨설팅을 해주는 커리어 컨설턴트가 요즘은 개인 커리어 컨설팅에도 관심을 기울이고 있다. 전직을 원하는 직장인들과 진로를 결정해야 하는 대학교 졸업반이나 고등학교 졸업반 학생들의 상담을 해주기도 한다.

그렇다고 단순히 직업 상담사는 아니다. 커리어 카운슬러, 즉 커리어 컨설턴트는 수많은 직업 가운데 적성에 맞는 직업을 골라주는 것뿐 아니라 몇 년 후의 비전까지도 제시할 수 있어야 한다.

지금의 경력을 어떻게 갈고 닦아야 좀더 나은 일을 할 수 있는지 검토하고 올바른 방법을 찾아내는 것, 직업을 바꾸는 것뿐 아니라 다니고 있는 직장에서 어떻게 성공적으로 경력관리를 할 수 있는지 함께 고민하고 해답을 찾아주는 것이 커리어 카운슬러가 하는 일이다.

현재 우리나라에는 한국커리어컨설팅협회에 커리어 컨설턴트가 되기 위한 강좌가 개설되어 있다. 원래 인사 관계 업무를 하던 사람이나 인재 비즈니스에 종사하던 사람이 커리어 카운

슬러가 되고 싶어 하는 경우가 많은데 기업인이 자신의 기능을
높이려고 수강하는 사람도 있다. 바로 '상담 능력'을 높이기 위
해서다.

상담 서비스가 필수품으로

한편 부하의 매니지먼트나 전문 경영인이 아니어도 사회는
카운슬링 능력을 원하고 있다.

최근의 서비스업을 보아도 모두 카운슬링 기능이나 상담 기
능을 갖추고 있다. 이미 정보는 포화상태로, 혼자만의 능력으
로 비교 검토하여 서비스를 선택하는 것은 곤란해졌다. 적절한
전문가의 어드바이스를 받아서 결정하고 싶은 것은 아주 자연
스러운 흐름이다.

그때 '전문 지식'과 '카운슬링 기능'을 당신이 가지고 있다면
사회적으로 원하는 인재가 될 수 있다.

예를 들면 전문점에서 판매를 담당하는 사람도 앞으로는 그
런 역할을 할 것이라고 예상하고 있다. 원예에 관한 전문 지식을
가지고 카운슬링 기능을 가진 사람이 가정원예 등의 전문점으
로 찾아오는 손님의 상담을 해주면서 적절한 상품을 맞추어 판

매하는 것과 같은 모습이다. 판매원이면서 컨설턴트이기도 한 이미지다. 이렇게만 된다면 자신이 좋아하는 일을 직업으로 하는 꿈을 이룰 수도 있고 나이가 들어도 계속할 수 있을 것이다.

잊어서는 안 될 포인트

기초적인 카운슬링 기능을 익히기 위해서는 커리어 카운슬러 양성강좌를 수강할 것을 권하고 싶다. 아울러 '상담 능력'이 있는 사람이 가지고 있는 특성도 소개하겠다.

1. 신뢰관계를 도모한다

신뢰라는 것은 '상대가 나에게 불이익을 주지 않을 것이라고 생각하는 곳'에서 생겨난다. 그런 감정은 상대가 자신을 잘 이해해 준다는 인식에서 나타난다. 자신이 처해 있는 상황, 가치관, 능력, 기호 등을 이해하지 않는 사람에게 신뢰감을 품을 수는 없다.

2. 목표를 공유한다

같은 목표를 공유하는 것은 카운슬링에 있어서 아주 중요하다. 목표가 다르다고 생각되면 카운슬링의 전제는 무너진다.

원예용품점에서의 판매 사례로 말하자면 물건을 사러 온 목적인 '화초를 화분에 심어서 꽃을 많이 피우게 하고 싶다'는 마음을 공유해 주기 때문에 어드바이스로 귀를 기울일 수 있는 것이며, 그저 판매만 하려는 목표가 언행에서 배어나오는 사람의 말은 듣고 싶지 않아진다는 말이다.

상사와의 관계에서도 그저 조직의 실적을 올리려는 자세만 목표로 하면 카운슬러형이라고 할 수 없다. 부하(상대 입장에서 보면 자기 자신)의 성장이라는 큰 목적을 공유해 주는 것이야말로 마음을 움직이게 한다.

3. 전문 지식에 기초하여 분명하게 설명한다

해당 분야에 대한 지식을 분명하게 설명하지 않으면 안 된다. 어떠한 선택법이 있는지 각 선택법의 플러스와 마이너스는 무엇인지 등을 알기 쉽게 이야기해 주는 것이다. 의사결정을 동반하는 것일수록 이 설명은 중요하다. 설명 책임이 동반한다고 보면 된다.

4. 마지막에는 상대가 결정하도록 한다

마지막의 중요한 결론은 자신이 말해서는 안 된다. 어디까지나 상대(본인)가 자기 책임에 기초하여 결정하도록 해야 한다. 카운슬링이라는 것은 자기 결정을 지원하기 위한 것이다. 스스로 결정한 것이 아니면 그후에 쉽게 마음이 바뀔 수도 있고 때로는 결론을 강요당했다는 기분이 들기도 한다.

상담 능력은 커뮤니케이션력의 연장선상에 있다. 이와 같은 커뮤니케이션 스타일을 익히면 당신의 전문 능력이 번쩍번쩍 빛나 보일 것이다.

---

9) 미국의 카운슬러 자격 ㅣ 미국에서 카운슬러가 되려면 대학원 석사과정으로 카운슬링을 전공하고 또 카운슬링의 실무 경험 2년 이상인 엄격한 조건을 통과해야 한다.

자기경영 11
지도력

정의	자신의 지식이나 기술을 남에게 가르치고 키우는 힘
표준개발연령	40대~60대
만일 이런 능력이 없다면	자신의 지식을 후배나 부하 직원에게 전해 주지 못한다
관련 능력	지속적인 학습력, 문맥 이해력, 전문 구축력, 위임 능력

남에게 무언가를 가르친다는 것은 절대로 쉬운 일이 아니다. 대학가에서도 뛰어난 연구자와 뛰어난 교육자가 일치하지 않듯이 많은 업적을 올리고 지식과 기술에 뛰어난 사람이 남에게 가르치기도 잘하는 것은 아니다. 지식을 가

지고 있는 것과 지식을 남에게 전하는 것은 다르다.

관리직의 중요한 업무 가운데 하나는 사람을 키우는 일이다. 관리직에서는 사람을 키우는 기술을 원한다. 최근에는 코칭이라는 방법이 주목을 받으면서 부하 직원을 성공으로 이끌기 위한 방법을 다룬 책도 많이 있다. 코칭이란 '사람들이 스스로를 개발하고 더욱 효율적일 수 있도록 필요한 도구, 지식, 기회를 받아가는 과정'(데이비드 피터슨, 『Leaders As Coach』)이다.

여기서 수업력이라는 것은 그때까지 쌓아올린 전문 분야의 지식과 기술이 충분히 있다는 것을 전제로 그것을 살려서 후배와 부하 직원을 키워 전문 지식과 기술을 전수해 가는 능력을 가리킨다. 즉 코칭력을 포함한 좀더 넓은 개념이다.

지도력은 프로페셔널 인재에게도 필요한 능력이고 리더의 자질 중의 하나이기 때문에 당연히 매니지먼트 인재에게도 필요한 능력이다. 이 능력만 익혀도 활약할 무대는 많이 넓어진다.

지도력의 결여에 따른 전형적인 실패 사례

뛰어난 전문 지식이나 기술을 가지고도 사람을 키우는 능력이 없는 사람에게는 어떠한 문제가 있을까?

몇 가지 예시를 들어보겠다.

1. 설명 부족형

'내 등을 보고 배워라' 하고 말하는 사람이다. 자신의 지식을 언어로 설명하지 못하는 암묵지暗默知 상태로 있는 사람, 암묵지도 되지 못하는 경험지經驗知 상태에 머물러 있는 사람은 다른 사람에게 논리적으로 설명하면서 가르치지 못한다.

또 설명이 서툴러 '어쨌든 내가 말하는 대로 하면 돼' 하는 사람도 있다. 오랜 시간을 공유하면 기술은 이전될지 모르지만 문하생 제도라도 채택하지 않는 한 이런 사람이 사람을 키우기는 어려운 일이다.

2. 장황 설명형

일방적으로 이야기를 길게 하는 사람이다. 상대가 이해를 했는지 못했는지는 상관하지 않고 두서없이 몇 시간이든 태연하게 말을 계속한다. 그 중에는 참고가 될 부분도 있겠지만 대부분의 사람들은 '잘못 걸려들었다'는 생각만 할 것이다.

3. 자화자찬형

자신은 이러이러한 일을 해왔다든지, 이렇게 해서 성공했다는 이야기를 자랑스레 늘어놓는 사람이다. 적당히 하면 배우는 사람도 존경하는 마음을 품겠지만 정도가 지나치면 '과거 이야기만 늘어놓아 듣기 싫다' '지금의 우리들에게 해당되는 이야기를 해주었으면 좋겠다'는 반응이 나타난다. 자화자찬형은 대개 현재와는 상황 설정이 다른 이야기이기 때문이다.

4. 설교형

이야기를 하는 동안에 무의식중에 설교조가 되어버리는 사람이다. '대체 자넨 말이야…'처럼 지금 현재 가르쳐야 할 이야기와는 관계없는 화제로 상대의 인간성이나 태도 등을 비판하는 타입이다. 설교가 되어버린 순간에 가르치고 배운다는 관계성은 사라지고 만다.

5. 비유 과잉형

요량 없이 비유담을 계속 끼워 넣어서 말하는 사람이다. 중요한 정보를 비유하여 상대에게 전해 주려고 하지만 비유담은 여간 재미있지 않으면 오히려 의미와 내용을 이해하기 어렵게 만든다. 비유담을 만들어내는 일에 열중하느라 상대에게 잘 전해지고 있는지는 점점 상관없어 하는 타입이다.

이 외에도 사례는 많이 들 수 있지만 이것만으로도 대부분의 사람들은 이 중 어딘가에 해당될 것이다.

'트레이너'가 가져오는 고용창출 효과

중장년의 고용문제가 심각해지고 있다. 오래 근무했던 회사를 떠나면 좀처럼 직업을 구하기 어렵다. 하지만 중장년만 할 수 있는 일도 있다. 그 중 하나가 넓은 의미에서의 '트레이너'다.

전문 분야가 있고 그것을 다른 사람에게 가르치는 기술도 가지고 있다. 젊은 시절에는 도저히 해낼 수 없는 일이다. 지금까지의 경험이 활용되는 것이니 사람들도 좋아한다. 지식사회인 현대에 어울리는 역할이다.

하나의 사례를 소개하겠다. 나도 창업에 관련했던 회사로, 토요타 자동차와 리쿠르트가 자본을 내고 만든 OJT솔루션이라는 회사가 있다. 이것은 토요타 자동차의 공장에서 생산관리에 종사하고 토요타 생산 시스템을 숙지하고 있는 57세 이상의 베테랑 기능자가 새 회사로 가서 '트레이너'로 활약하게 하는 회사다. 다양한 업계의 회사에서 현장을 맡고 있는 인재에게, 생산성을 향상시키는 노하우를 가르치는 회사로 기업의 사업재생과 인재육성에 공헌하고 있다. 트레이너들은 원래 공장의 생

그림2-5 사회에서 '지도력'이 필요한 일을 하는 사람

① 교원	137만 명	남에게 가르치는 일을 하고 있는 사람	378만 명
② 개인교사	49만 명		
③ 관리직	192만 명	남을 지도하는 사람	

출처: 국세(國勢)조사 2000년 추출속보집계결과(총무성)

■개인교사에게는 이런 직종이…

인스트랙터
· OA인스트랙터
· 삼림 인스트랙터
· 스포츠 인스트랙터
· 티 인스트랙터

강사
· 문화센터 강사
· 학습 강사
· 학교 강사
· 기업연수 강사

지도원
· 교습 지도원
· 직업훈련 지도원
· 점포 지도원
· 기술 지도원

코치
· 개인 코치
· 스포츠 코치
· 비즈니스 코치
· 컨디션 코치

트레이너
· 스포츠 트레이너
· 닥터 트레이너
· 네트 트레이너
· 메디컬 트레이너

산 라인을 한번 훑어보는 것만으로도 여러 개선점을 발견할 수 있는 노하우를 가진 사람들이다. 그 사람들이 남에게 노하우를 전수하고 서비스를 행하는 것이기 때문에 주목을 받는다. 실제로 접수를 다 받을 수 없을 정도로 의뢰가 쇄도하여 비즈니스로서의 성공과 동시에 정년에 가까운 사람들에게 새로운 진로를 접할 선택의 여지를 제공할 수 있었다.

이처럼 '트레이너'라는 직업을 각 분야에서 새로이 개발만 잘해도 중장년만의 고용창출 · 비즈니스 개발이 가능하다.

가르치는 사람과 배우는 사람의 관계

가르치는 능력을 익히기 위한 지름길은 '코칭'에 관한 전문서를 읽거나 코칭의 기술을 가르치는 세미나와 연수에 참가하는 것이다. 기초적인 노하우는 이렇게 익힐 수 있다.

지도력을 높이는 제1포인트는 가르칠 상대와 대등한 파트너십의 구축 능력을 연마하는 일이다.

가르치는 사람과 배우는 사람의 관계는 아무래도 선생과 학생의 관계로 상징되는 상하관계가 되기 십상이다. 하지만 '가르쳐준다'는 관계보다 대등한 파트너십 아래에서 '함께' 생각하는 관계에서는 압도적으로 학습 효과가 높다.

파트너십이라는 대등한 관계를 구축하는 능력은 지도력의 향상뿐만이 아니라 인맥을 넓히는 일이나 커뮤니케이션력을 높이는 일에도 매우 중요한 일이다.

나는 정책입안의 업무도 다루고 있어 관청 사람들과도 접할 기회가 많은데 그때 유념하고 있는 것도 '대등한 파트너십'을 쌓는 일이다. 잠깐 방심하면 '선생'이나 '업자'라는, '상'이나 '하'의 관계가 되어버린다. 어느 쪽이든 파트너 관계 이상의 원활한 커뮤니케이션은 불가능하다.

가르치는 사람과 배우는 사람이라는 관계는 단순한 역할분담처럼 함께 생각하고 함께 실행하고 함께 성과를 즐거워 할수 있는 관계가 이상적이다.

라포르를 만드는 능력

좀더 말하자면 양자의 관계가 '라포르' rapport(마음의 다리)라는 상호이해와 조화로운 관계를 취하는 것이 바람직하다.

라포르를 가진 관계는 밖에서 보아도 알 수 있다. 이야기하는 템포가 맞고 서로의 행동이 어딘가 비슷하고 사용하는 언어도 비슷하기 때문이다. 감정을 공유하거나 공감하고 있음을 분명히 알 수 있는 상태다. 이와 같은 라포르를 만들어낼 수 있다면 트레이너 능력은 매우 높은 상태에 있는 것이다. 가르치기 전에 이미 어느 정도의 결과가 보인다.

코칭에 관한 책에는 이 라포르를 의식적으로 만드는 노하우가 소개되어 있다. 그것을 읽고 꼭 실천해 보기 바란다. 간단히 말하자면 상대의 템포에 맞춘 화법이나 상대와 같은 행동을 하는 것이다. 매우 우울해하는 사람에게 들뜬 억양으로 말을 걸면 마음이 통하지 않는 법이다. 이때는 '무슨 일 있어?' 하고 조용히 물어야 이야기가 시작된다.

지나친 수다는 금물

지도력을 연마하는 데 장애가 되는 것은 말을 많이 하고 싶어 하는 성격이다. 트레이너는 자신이 모두 말해서는 안 된다. 질문한 후에 생각하게 하고 상대가 답을 찾을 수 있도록 기회를 주는 것이 요령이다. 가르치는 사람으로서는 애초부터 답을 알고 있기 때문에 참지 못하고 자꾸 말을 하고 싶어지지만 그래서는 상대는 아무것도 배울 수 없다.

듣는 능력, 질문하는 능력을 발휘하게 해야 한다.

또한 상대가 원하는 것을 가르친다. 상대가 원하지 않는데도 밀어붙이는 어드바이스는 해봐야 별 효과가 없다. 상대가 그저 물어보고만 싶은 건지, 아니면 어드바이스를 원하고 있는 건지 분명히 파악하여 어드바이스를 원한다고 판단했을 때 짧고 간결하게, 자만하지 말고 눈높이에 맞춰 어드바이스 한다.

상사와 부하 직원의 관계일 때는 자주 어드바이스를 청해 오기도 하겠지만 그때도 조금은 자제하는 것이 좋다. 무엇이든 쉽게 해답을 내놓으면 상사에게 물으면 바로 답이 나온다는 생각에 젖어 스스로 생각하는 습관을 버리고 만다. 그렇게 되지 않도록 어드바이스를 청해 왔을 때도 가능한 한 상대가 생각을 할수 있도록 유도하는 대화가 좋다. 하물며 맡긴 업무에 대해 출장을 가서까지 세세하게 어드바이스를 하는 일은 피해야 한다.

칭찬하는 법과 꾸짖는 법

지도력을 높인 후에 가장 중요한 것은 '칭찬하는 법'과 '꾸짖는 법'의 기술이다.

인간은 누구나 승인욕구[10]가 있다. 인정받거나 칭찬을 받아서 기분이 나빠지는 사람은 없다. 가르치고, 그것을 잘 이해했을 때는 분명히 인정해 주고 칭찬해 주는 것으로 다음에 일할 의욕도 샘솟고 스스로도 잘했다는 확인도 할 수 있다.

특히 젊은 세대일수록 승인욕구가 강하다. 아직 분명하게 자기 확립이 서 있지 않을 때 주위의 평가에 따라 자기 자신을 정의하기도 하고(이것을 '자아 찾기'라고 할 수도 있다), 자기가 있을 만한 곳이라고 느끼기도 한다. 전혀 칭찬받는 일이 없다면 그 직장에 오래 근무하려고 생각하지 않는다.

이 칭찬한다는 행위는 사실 쉽지 않은 일이다. 당연히 잘해야 한다는 마음이 가르치는 사람에게 있으면 여간해서 적절하게 칭찬하지 못한다.

칭찬할 때의 원칙은 첫째, 구체적으로 칭찬하기, 둘째, 다른 사람 앞에서 칭찬하기가 있다. 어디가 어떻게 좋았는지 칭찬받는 쪽에서 확실하게 알 수 있도록 칭찬을 한다. 높은 매출 달성을 칭찬하는 것도 나쁘지 않지만 그 매출을 실현하기 위하여 행한 과정을 칭찬하고 높은 매출을 함께 기뻐해 주는 것이 훌륭한 칭찬법이다. 또 칭찬하는 경우에는 가능한 한 다른 사람 앞에서 칭찬하고 반대로 꾸짖을 때는 1대 1로 있을 때 꾸짖는 것도 중요한 원칙이다.

꾸짖는 기술에 대해서는 구체적인 '행동'을 꾸짖고 '인간성'

이나 '태도'를 비판하지 않는 것이 중요하다. 꾸짖어야 하는 이유를 기반으로 이러이러한 행동이 나빴다는 것을 직접 본인에게 전하면 된다. 지나치게 다른 일을 관련시켜 버리면 감정적인 반발을 초래하고 그저 설교하는 셈이 되고 만다. 그리고 꾸짖는 것으로 끝내지 말고 '다음에는 이렇게 하자'는 등의 건설적인 조언으로 상대의 적극적인 대답을 듣고 끝내는 것이 좋다.

지도력에 대하여 이야기를 했는데 상대와의 라포르를 놓은 관계로 만들어 질문과 듣기를 잘 활용해서 지나치게 떠벌이지 않고, 적절하게 칭찬하고 꾸짖는 원칙은 이해했으리라 믿는다. 지도력은 연습에 따라 누구나 익힐 수 있다. 일단 익히고 나면 당신이 가지고 있는 전문 지식과 기술이 보다 훌륭하게 살아날 것이다.

---

10) 승인욕구 | 미국의 심리학자 매슬로우(maslow)는 '욕구단계설'에서 인간의 욕구를 5단계로 나누고 있는데, 제4단계에 승인욕구가 있다. 사회적으로 자신이 인정받기를 바라고 존경받기기 바라는 욕구를 말하는데 생리적 욕구, 안전 욕구, 소속 욕구의 다음으로 중요한 욕구라고 위치를 부여하고 있다(제5단계는 자기실현 욕구).

자기경영 12
중개 조정력

정의	사물을 조정하는 힘, 중개하는 힘, 추진하는 힘
표준개발연령	40대~60대
만일 이런 능력이 없다면	큰일을 이루지 못한다
관련 능력	위임 능력, 상담 능력을 포함한 11가지 모든 능력

마 지막으로 소개하려는 것이 중개 조정력이다. 지금까
지 소개해 온 능력에 비해 이 중개 조정력만은 약간
상위 개념에 위치한다.

　전체를 균형 있게 취하고 정리하는 '조정력', 사람과 사람의 관계를 이어주는 '중개력', 성과로 이어지도록 이끄는 '추진력'의 세 가지 능력을 종합한 것으로 지금까지 소개해 온 능력의 대부분이 있다는 전제에서 그 위의 능력으로 익히는 것이다.

조정이라 하면 '사내 구조조정'이라는 말에서 상징되듯이 어쩐지 그다지 좋은 이미지가 떠오르지 않을지도 모른다. 아무래도 중간관리직의 주요 업무로 IT(정보기술)의 보급과 함께 불필요해졌다는 생각을 가질지도 모른다. 하지만 중개 조정(조정+중개+추진)이야말로 인간만이 할 수 있는 궁극적인 일이다.

당신이 어떠한 분야의 어떠한 장면에서든 '코디네이터'라는 배역이 맡겨진다면 그것은 매우 종합적인 역량을 높이 평가받은 것이라고 생각해도 좋다.

21세기를 상징하는 직업

나는 '코디네이터'야말로 지식사회를 상징하는 일이라고까지 생각한다. '코디네이터'는 각 분야에 필요하다.

우선 그 분야의 전문 지식과 인맥이 필요하다. 그리고 상대의 요구를 끌어내고 때로는 가르치면서 최선의 안을 짜는 것이다. 더구나 복수의 이해관계자가 있을 때는 그 관계를 조정하

표2-5 다양한 분야에서 요구되는 코디네이터

	코디네이터	업무 내용	주최 단체
1	푸드 코디네이터	음식에 관한 모든 분야에 관여한다.	(사)세계음식문화 연구원
2	복지주(福祉住) 환경 코디네이터	고령자나 장애자가 살기 좋은 주거환경을 제안한다.	
3	인테리어 코디네이터	주거공간을 보다 기능적이고 쾌적한 생활환경으로 제안한다.	한국인테리어 코디네이션학회
4	자원봉사 코디네이터	자원봉사를 받고 싶어 하는 사람과 자원봉사를 하려는 사람을 이어준다.	(사)한국자원봉사연합회
5	재개발 코디네이터	도시재개발 사업에 필요한 기획·사업 계획의 작성 및 권리 조정 등을 한다.	한국감정원
6	(장기)이식 코디네이터	장기이식이 공평하고 신속하게 행해지도록 하기 위하여 필요한 다양한 업무를 24시간 대기하며 지원한다.	대한장기이식 코디네이터회
7	웨딩 코디네이터	결혼에 관한 모든 것을 준비·관리하고, 각종 절차를 기획·대행한다.	한국웨딩플래너 협회
8	산학연휴(連携) 코디네이터	대학과의 제휴를 꾀한 사업화를 위해 중개한다.	각 대학이 개별적으로 채용
9	교육정보화 코디네이터	학교의 정보화를 진행시키는 데 학교나 교육위원회에 대해 균형 있는 입장에서 적절하게 어드바이스 한다.	
10	레크리에이션 코디네이터	종합형 지역스포츠(레크리에이션)의 추진역으로 활동한다.	한국레크리에이션협회
11	IT 코디네이터	경영자의 입장에서 경영과 IT를 중개한다.	

여 합의를 형성하고 목표·도달점을 설정하여 거기에 이르도록 착실히 유도한다.

이미 '코디네이터'라는 말은 자격증으로, 또 직종으로 다양한 분야에서 사용되기 시작하고 있다(표 참조). 앞으로는 모든 분야에서 코디네이터 능력을 가진 인재가 필요할 것이다. 거꾸로 말하자면 중개 조정력을 가지는 단계까지 도달할 수 있다면 최고의 엠플로이어빌리티employability(고용되는 능력)를 가지게 되는 셈이다.

다른 영역 간의 중개·조정

표 안에 '산학연휴 코디네이터'가 있는데 산학연휴, 민관연휴, 학제적 연구, 타업종 교류, 타문화 교류 등 다른 영역을 연결해 주는 것이 문제 해결로 이어지기도 하고 새로운 지식을 창조하기도 한다.

현대 사회에서는 다른 분야(영역) 사이에 들어가 양자를 중개·조정하여 얼마간의 성과를 올리는 일은 무한하게 존재한다고 해도 지나친 말은 아니다. 늘 잠재적인 수요는 존재하고 그 역할을 제대로 해낼 수 있는 인재가 있다면 거기에 일이 생기는 것은 당연한 일이다.

예를 들면 기술을 알고 경영도 아는 인재가 우리나라에는 많이 필요하다. 경영자 자신은 직접 기술개발에 관여하지 않아도 기술에 대해 조예가 깊으면 기술자의 마음도 이해한다. 그렇게 하여 경영전략에서도 기술이 평가받고 기술을 돈으로 바꾸는 것을 리더십으로 진행시킬 수 있다.

그런 코디네이터라면 어느 회사에서든 탐을 낼 것이다. 물론 그런 경우는 코디네이터라고 하기보다 MOT Management of Technology[11])를 마스터한 기술담당이사나 기술영역에 강한 경영 간부가 될 것이다.

전문직 대학원(프로페셔널 스쿨)에서 필요로 하는 인재는 실무 경험이 있고 현장도 알고 있는 교수진이다. 아카데믹한 접근도 가능하고 실무적인 접근도 되는 사람이다. 전문 구축력의 항에서도 다루었지만 전문 분야는 이론과 실천의 두 바퀴가 같이 굴러가야 한다. 그 두 가지가 모두 확실하고 가르치는 능력 (지도력)이 있다면 이것도 잡아끄는 사람이 많을 것이다.

나는 대학의 연구 성과를 민간기업으로 이전하여 상품화시키는 사업(일반적으로 TLO: Technology Licensing Office, 기술이전 기관이라고 한다)을 시작할 때 그 일에 관여한 적이 있었다. 연구 성과를 맡아서 기업에 판매하는 전문가를 '라이센싱 어소시에이트' Licensing Associate 라고 하는데 이것이야말로 코디네이터다.

대학교수의 마음도 이해하고 민간기업의 연구 개발자들 마음도 이해하는 기술과 경영과 지적소유권의 지식을 아울러 가진 인재가 중개자가 되어 계약을 매듭짓는 것이다. 특히 커뮤니케이션 능력이 중요하고 질 높은 '지원자'라는 말이 가장 잘 어울리는 역할이었다. 이 일도 앞으로 더욱 수요가 늘어날 것으로 전망된다.

어드바이스 하면서 해결로 이끈다

물론 두 가지 분야에 걸쳐 있지 않아도 폭넓은 지식과 조정력이 있다면 훌륭한 코디네이터가 될 수 있다. '푸드 코디네이터' '웨딩 코디네이터'와 같은 전문 지식을 배경으로 상대의 요청에 부응하면서 종합적인 기획 입안을 하는 업무가 그것이다.

세상에 넘쳐나는 모든 정보를 다 이해하고 사용할 수는 없다. 전문가의 어드바이스를 원하고 해결까지 적절하게 이끌어주기를 바라는 요구는 도처에 많이 있다.

전문가는 어려운 말을 자주 써서 초보자에게는 쉽게 다가가

기 어려운 인상을 줄 수 있다. 코디네이터는 요구를 '듣는' 프로이며, 알기 쉽게 '말하는' 프로이고, 가장 적절한 '플랜을 생각하는' 프로이기도 하다. 그런 능력이 전문 분야의 지식 위에 실려 있는 것이다.

중개 조정력을 구성하는 10가지 요소

그러면 다시 한번 '중개 조정력'이란 무엇을 할 수 있는 능력인지 정리해 보자. 지금까지 이 책에서 다뤄온 다양한 능력을 떠올리면서 읽어보기 바란다.

1. 전문 분야의 지식
이론과 실천 모두 익히는 것이 중요하다. 스스로 할 수 있을 뿐만 아니라 남에게 설명할 수 있어야 한다. 그 위에 전문 분야의 주변 지식도 가지고 있는 것이 바람직하다(전문 구축력과 관련).

2. 풍부한 인맥
전문 분야의 주요 네트워크는 물론, 두 가지 분야에 걸친 조정역을 수행하는 경우에는 양쪽 네트워크가 다 필요하다(인맥 개척력과 관련).

3. 상대의 요구 파악

'듣는 능력'. 관계된 모든 사람의 생각을 정확하게 듣고 받아 들이는 것이 가장 우선되어야 한다(상담 능력과 관련).

4. 밝은 성격

조금 곤란한 일이 있어도 자신이 적극적으로 활동하고 적극 적으로 문제를 해결해 가는 능력이 있어야 한다. 관계자에게 호감을 주는 존재감을 나타낸다(애교, 긍정적 사고력과 관련).

5. 정보 수집에 대한 평소의 활동

최신 정보의 수집을 게을리하지 말아야 한다. 코디네이터가 상대의 입에서 나오는 정보를 이해하지 못하면 조정역을 제대 로 해낼 수 없다(지속적인 학습력과 관련).

6. 도달점 설정

현실적인 매듭 부분을 설정하고 그 도달점을 향하여 계획적 으로 추진해야 한다(목표발견 능력과 관련).

7. 합의 형성의 촉진

복수의 이해관계자가 있을 때나 다른 문맥을 가진 관계자가 있을 때 그 중개를 하여 합의 형성을 촉진한다(문맥 이해력과 관련).

8. 적절한 어드바이스

전문가로서 보다 좋은 도달점으로 이끌기 위한 어드바이스. 몇 가지 선택의 여지를 제시하고 그 비교 정보를 제공하거나 때로는 잘못된 선택을 하려는 상대를 주의시키는 일이다(지도력과 관련).

9. 충실함

목표에 도달하게 하기 위해서는 노력을 아끼지 않는 자세가 필요하다.

10. 인간적 성실함

관계자의 신뢰를 얻기 위해서는 개인적인 욕심 없이 약속은 반드시 지키는 성실한 인상을 상대에게 주는 것이 필요하다.

물론 이 10가지 요소를 모두 충족시키는 것은 매우 어려운

일이다. 하지만 연령대별로 익혀야 할 제1능력부터 12능력까지
를 차근차근하게 쌓아가면 확실히 '중개 조정력'의 영역까지
도달할 수 있다.

능력이라는 것은 평생에 걸쳐서 조금씩 쌓아 올리는 것이다.
절대로 하루아침에 익힐 수 있는 힘이 아니다. 그렇기 때문에
'평생학습'이라는 말이 있는 것이며 나이를 먹어도 배울 일은
끝없이 많다.

---

11) MOT ｜ MOT(Management of Technology)란 1980년대에 미국에서 시
작된 연구개발, 기술개발에 있어서 필요한 전문적 경영능력 향상을 목표로 하는
교육 프로그램. MOT코스를 개설한 미국의 대학은 약 300여 곳이 있다고 알려져
있다.

제3장

뛰어난 프로가 되는 5가지 법칙

취직에 관련된 일을 하며 항상 느끼고 있는 것은 기업이 정말 채용하고 싶어 하는 인재상과, 구직자 한사람 한사람

이 취직하기 위해 익히려는 기능 사이에는 무릿한 부조화가 존재한다는 것이다. 그것은 것 좋엄한 새내기

의 신규 취직시에 가장 두럿하게 나타나는데 그 부조화는 사회 경험을 쌓은 후의 전직에서도

나타나고 있고 승진과 승격 등의 인물 평가에서도 보이고 있다. 누구나 인로서 좀더

성공하고 싶고 평가 받고 싶어 한다. 자신의 좋은 점을 발휘하여 좋아하

는 일을 즐겁게 하고 싶어 한다. 그렇게 되기 위하여 그때 그때 주어

람없을 것이다. 그렇게 생각하고 있음에 틀

진 일을 통하여 새로운 기능을 익히거나

때로는 책을 읽기도 하고 학

교에 다니면서 학

습을

뛰어난 프로가 되는 5가지 법칙

12 가지 기초력은 성공적인 경력관리로 뛰어난 프로가 되기 위한 것이다. 어떻게 하면 프로로 인정받을 수 있는지 그 법칙에 대해서 이야기하겠다.

1. 성공으로 가는 계단을 오른다

'경력'이라는 이미지

'커리어 업'이라는 말이 있다. 업이라는 것은 무언가의 목표가 있고 그것을 향해 다가가는 행동을 가리키는 것으로 해석해도 좋을 것이다. 그럼 목표란 무엇일까? 출세하는 것, 많은 수입을 얻는 것, 아니면 명예를 얻는 것일까?

그러나 경력에는 업이나 다운이란 없다는 말을 하는 사람이 많다. 나도 커리어 업이라는 말은 실감하는 편이 아니며 좀더 개인적인 가치기준에 기초하는 것이라고 본다.

나는 경력이라는 이미지를 생각할 때, 짙은 안개가 낀 크고 고요한 나선계단을 떠올린다. 열심히 위로 오르려고 걸어 올라가지만 앞은 뿌옇게 흐려 있어 오르고 있는지에 대한 확신조차 서지 않는 계단이다. 언뜻 멀리 돌아가는 것처럼 보이기까지 한다.

그리고 그 꼭대기에 분명히 있는 것은 마음 편안한 경지로, 자신의 능력을 최대한 살리면서 즐기는 마음으로 일을 하는 프로의 세계이다.

그러나 이 계단은 자칫 헛딛기 쉽고 밖에서 보고 있는 사람에게 가끔 어드바이스도 받아야 하며 갈림길도 있으므로 길을 몰라 헤매는 경우가 있다. 이 나선형 계단에는 난간이 있으므로 길을 헤매지 않을 가장 중요한 행동은 이 난간을 진로안내원으로 생각하고 꼭 잡고 가야 한다.

약간 추상적인 이야기지만 안내원의 역할을 맡고 있는 것이 지금까지 기술해 온 12가지 기초력이다.

적절한 나이에 확실하게 이 능력을 익혀두면 길을 잃고 헤매는 일 없이 일을 즐기면서 성과를 올릴 수 있는 경지로 다다를 수 있다.

경력은 우발적인 학습의 축적

심리학자이며 스탠포드 대학교수인 존 크룸볼츠는 경력에 대해 '계획된 우발성'이라는 이론을 전개하고 있다. 이 이론은 그때까지의 커리어 카운슬링이 상담 의뢰자가 자신에게 적합하다고 생각하는 커리어로 결정하도록 도와주는 것이 가장 이상적이라고 여기던 것에 대해, 미결정의 학습 효과에 착안한 이론이다.

즉 경력이라는 것은 미리 결정되는 것이라기보다 그때그때 우발적인 일을 흡수하고 노력함으로써 전문성을 최대한 꽃피워가는 것이 중요하다고 설명한다.

제1장에서도 다루었듯이 사전에 자신의 목표를 계획하고 생각한 대로 걸어간다는 것은 현실적이지 못하며, 일을 하는 과정 속에서 얻어지는 것이다. 그 과정을 받쳐주는 것이 제2장에서 소개한 12가지 기초력이다.

일을 하고 있는 동안 몇 차례의 커다란 기회가 찾아온다. 인사 이동이 그 계기가 되기도 하고 새로운 파트너를 만나는 것이 계기가 될 수도 있으며, 언뜻 위기로 보이는 타이밍도 기회일 수 있다.

그 상황을 살릴 수 있다면 아마 직업 인생에서 '아, 그런 일이 있었기에 지금의 내가 있는 것이다' 하고 생각할 수 있는 경험이 될 것이다.

그 기회를 살리는 힘이 바로 12가지 기초력이다. 내일 무슨 일이 일어날지 모르는 가운데서 만난 기회를 내 것으로 만들 수 있는 능력을 가지고 있는 사람만이 성공의 계단을 오를 수 있다.

2. 서로 관련되는 12가지 기초력

각 능력의 상호관계

뛰어난 프로가 되기 위한 12가지 기초력은 절대로 따로따로가 아니다. 서로 관련되어 있다. 하나의 능력은 다른 능력의 기초가 되고 있으며 중개 조정력 등은 다른 11가지 능력을 통합한 것이다.

12가지 기초력은 크게 '사람을 대하는 능력'(대인 관계) '과제를 대하는 능력'(업무 수행) '자신을 대하는 능력'(자아 컨트롤)으로 나뉘어져 있다. 모든 것을 마스터하면 일반적으로 역량으로 불리는 능력에 대응할 수 있다. 아무리 학력과 같은 기초능력이나 기술, 지식으로 일컬어지는 기능이 있다 해도 이 12가지 기초력이 부족하면 성공은 불확실해진다.

능력이라고 하면 아무래도 일류 대학이나 자격증 따위에 눈길이 가기 쉽지만 역량에 해당하는 12가지 기초력을 어떻게 익혀가느냐에 따라 성공이 결정되는 것이다.

30세가 지나면 약점은 고쳐지지 않는다

12가지 기초력에는 각각 그 능력을 익히는 '때(시기)'가 있다. 예를 들어 반응력이라면 10대에서 20대 사이에 착실하게 내 것으로 만들어두어야 하는 것처럼 때가 있다.

이 '때'를 소중히 여기며 능력 향상을 위해 노력하는 것이 가장 이상적이겠지만, 만일 당신이 30대에 이 책을 읽고 '나는 반응력이 없다'고 생각했다면 이제부터라도 늦지 않았다. 꼭 움켜쥐고 모두 익히도록 노력하기 바란다.

다만 그 시기를 지난 후에 익히려면 익힐 능력의 난이도가 높아질 것은 각오해야 한다. 그리고 30세를 넘으면 누구나 '약점을 극복하기'가 쉽지 않다.

특히 40세를 넘으면 더 이상 약점은 고쳐지지 않는다고 생각

그림3-1 **12가지 기초력의 관련성**

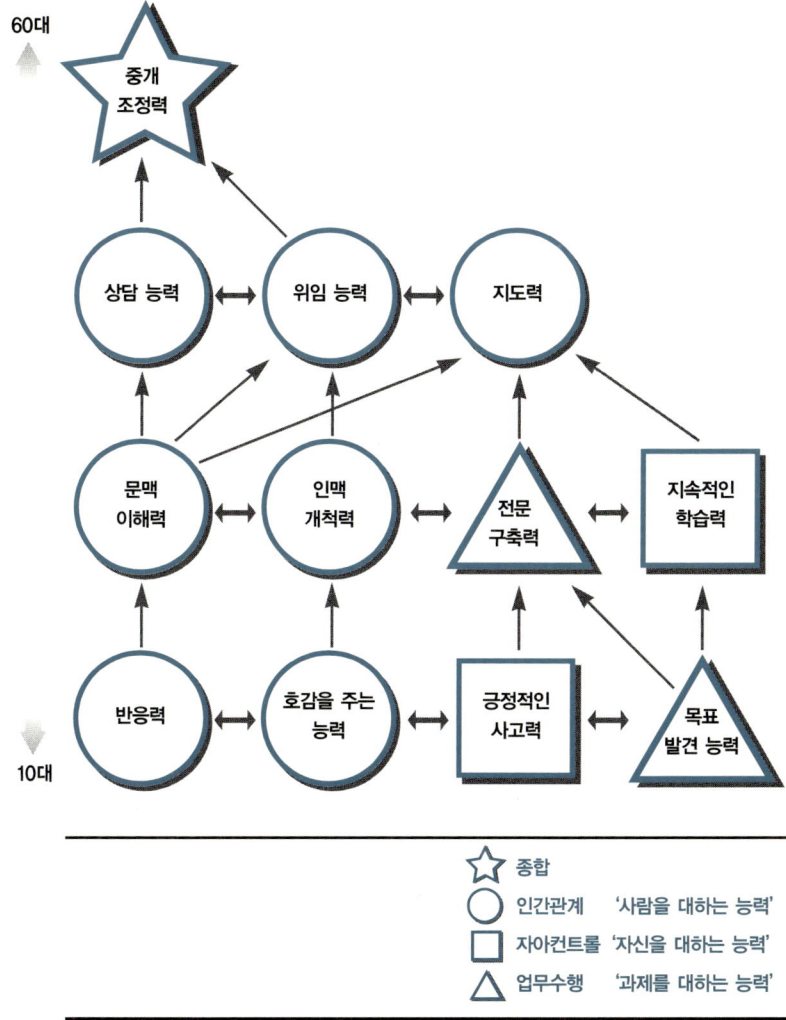

하는 것이 낫다. 좋든 나쁘든 인간으로서의 특질이 이미 굳어 져버렸기 때문에 미처 익히지 못한 능력을 계발하기도 점점 어 려워진다.

그렇다면 이미 늦어버린 사람은 어떻게 하면 좋을까? 그때는 과감하게 더 이상 고쳐지지 않는 약점을 고치려고 애쓰지 말고 강점을 풍부하게 하여 약점을 보완해야 한다.

피터 드러커 박사도 "강점으로 자신을 구축하라"라고 호소하 고 있다. 말 그대로 '강점은 살리고 약점은 인정을 하라' 이것 이 차선의 전략이다. 일반적으로 천재로 불리는 사람들은 어딘 가의 역량이 크게 결여되어 있는 한편, 어딘가의 능력이 다른 사람에 비해 월등하게 강한 사람이다. 다만, 가능하면 12가지 기초력을 균형 있게 익히는 것이 가장 이상적이라는 점은 잊지 않도록 한다.

3. 필요조건으로서의 2가지 기술

12가지 기초력이라는 역량 이외의 능력에 대해서도 좀더 이 야기하겠다. 능력은 흔히 빙산으로 예를 들므로 다음의 빙산 그림을 기초로 설명해 보겠다.

바닷물 위로 올라와 있는 부분이 기술과 지식이다. 자격증 등으로 비교적 간단하게 표현할 수 있다. 하지만 '빙산의 일각'이라는 말이 있듯이 기술이나 지식은 능력 속에 있는 극히 일부분에 지나지 않는다. 맨 아래에는 기초적인 능력, 즉 수적 처리 능력이나 언어적 이해력과 같은 지능 테스트로 익숙한 부분이 있다.

그 외의 가장 커다란 면적을 차지하고 있는 것이 '사람을 대하는 능력' '자신을 대하는 능력' '과제를 대하는 능력', 즉 12가지 기초력으로 상징되는 역량이며 성공을 결정하는 가장 중요한 부분이다.

그러나 역량 이외에 기술이나 지식 분야에도 매우 중요한 요소가 있다. 기술과 지식을 일찌감치 익혀두지 않으면 성공의 발목을 잡아당기는 역할을 하지 않는다고 장담할 수 없다. 말하자면 필요조건으로서의 능력으로 그것은 '정보수집기술'과 '숫자독해기술'이다.

정보수집기술

정보수집기술이란 업무에 필요한 정보를 수집하고 이해하는 기술이다. 정보수집 전문가로 '서처'searcher(정보검색사)라는 직업이 있는데 서처 관련 자격증을 취득하기 위해 공부하는 것도

그림3-2 능력의 빙산 모델

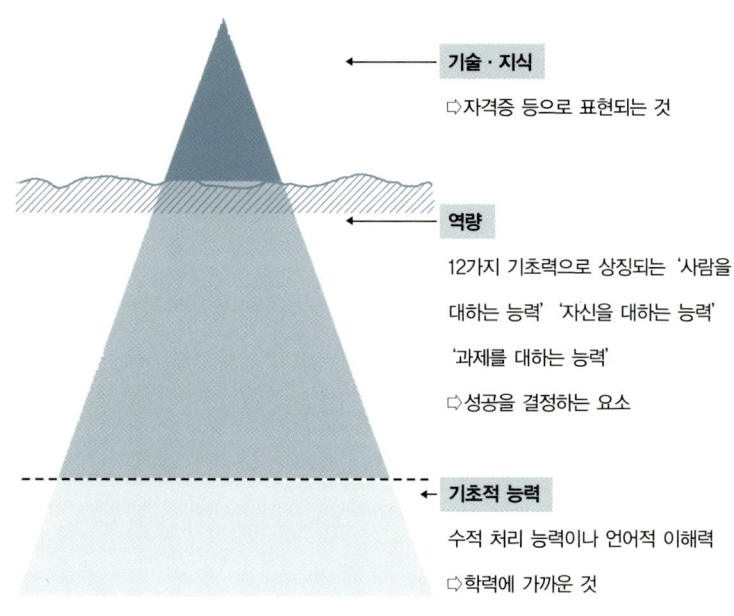

기술 · 지식
⇨ 자격증 등으로 표현되는 것

역량
12가지 기초력으로 상징되는 '사람을
대하는 능력' '자신을 대하는 능력'
'과제를 대하는 능력'
⇨ 성공을 결정하는 요소

기초적 능력
수적 처리 능력이나 언어적 이해력
⇨ 학력에 가까운 것

한 방법이다. 하지만 여기에서는 좀더 일반적인 정보수집기술의 대원칙을 확인해 두고자 한다.

정보수집기술의 기초가 되는 것은 영어 실력과 검색기술이다. 현대사회는 정보가 넘쳐나고 있다. 이 엄청난 정보원 속에서 어느 정보원에 접속을 하여 효율적으로 필요한 정보를 뽑아 낼 수 있을까? 거기에 정보수집기술의 근간이 있다.

영어 실력을 드는 것은 정보의 가장 커다란 덩어리가 영어로 되어 있기 때문이다. 처음에는 우리말로 검색을 해도 어느새 영어 사이트로 가는 경우는 흔하다. 이때 영어의 정보군에서 자신에게 필요한 정보를 발견하여 뽑아낼 수 있을지의 여부에 따라 정보수집력에 커다란 차이가 생긴다.

또한 선행연구나 선행사례를 들으려면 영어 회화력이 필요 하다. 상세한 부분은 통역의 힘을 빌린다고 해도 어느 정도 영 어로 커뮤니케이션을 할 능력은 반드시 필요하다. 서툰 영어라 도 상관없다. 유창하게 말하는 것은 모국어가 아니기 때문에 어렵겠지만 세계 사람들과 서툰 영어로라도 대화하는 것이 '필 요한' 영어 실력이다.

또 하나 중요한 것은 인터넷 검색기술이다. 검색 사이트에 가서 키워드를 치면 그것으로 끝인 단순한 검색을 말하는 것이 아니다. 지금 가고 싶은 레스토랑의 위치를 알고 싶어 하는 정 도의 간단한 검색이라면 누구나 할 수 있고 차이도 없다.

하지만 좀더 막연하게 커다란 테마의 검색(업무상 필요한 것은 '애매한' 검색을 많이 하게 된다)을 하려고 하면 개인차가 크게 나 타난다. 예를 들면 '최근 청소년 소비지향의 특징에 대한 조사'

를 하려고 할 때다. 어떻게 핵심 정보원까지 가는지가 관점으로, 센스에 의지하는 부분도 크지만 훈련으로 몸에 익히는 방법이 가장 바람직하다.

같은 정보수집 테마로 시간을 정해 두고 동료와 경쟁을 해보기 바란다. 그리고 어떤 차이가 생겼는지, 다른 사람은 어떠한 과정으로 정보원을 찾았는지에 대해 이야기를 나눠보는 것도 효과가 있다.

젊은 세대들은 메모를 하지 않는 경향이 있다. 선배나 상사의 입장에서 보면 왜 중요한 이야기인데 메모를 하지 않는지 의아하게 생각되겠지만 그것은 아마 정보수집기술에 어느 정도 자신이 있기 때문일 것이다. 정말 그 정보가 필요해졌을 때는 이 사람에게 물어보면 된다든지, 이 정보원에서 찾으면 된다든지 하는 포인트로 정보를 쥐고 있다. 북마크와 같은 감각이다.

물론 재생할 수 없는 정보는 기록해 두는 것이 필요하겠지만 무엇이든 활자화해서 손에 쥐고 있으려는 사고로는 오히려 정보처리 능력을 떨어뜨릴 수 있다. 물론 방법에 개인차는 있어도 상관없다. 어쨌든 자기 나름의 검색기술과 영어 실력을 확실하게 익혀두기 바란다.

숫자독해기술

또 다른 기술은 숫자독해기술이다. 그 중 하나는 데이터를 잘 읽고 분석하기 위해 필요한 지식과 기술이며, 다른 하나는 경영에 얽힌 숫자를 읽어내기 위한 지식과 기술이다.

'데이터 마이닝'data mining이라는 말을 들어본 적이 있는가. 데이터라는 중요한 정보의 광맥을 파헤쳐 업무에 살릴 수 있는 지식을 발굴하는 것이다. 데이터를 올바르게 읽지 못하면 귀중한 정보를 빠뜨릴 뿐만 아니라 잘못된 경영판단을 하기 쉽다.

단, 확실하게 마스터하려면 '통계학을 먼저 공부하라'고 하면 바짝 긴장해 버리는 사람이 많을테니 마케팅 조사와 조사 설계에서 집계, 분석까지 직접 다하는 능력이 아닌 산출된 결과를 올바르게 읽는 수준이면 된다. 조사나 집계, 분석을 해주는 회사는 많이 있으니 거기에 업무를 의뢰할 수 있는 수준이면 충분하다. 혹은, 업무상 수집한 데이터를 간단하게 엑셀로 도표화하는 데 필요한 지식수준도 목표가 될 것이다.

조사라는 것은 자신에게 유리한 결과를 내려고 생각하면 얼마든지 낼 수 있다. 샘플링이나 조사 설계, 분석 방법에 따라서는 거짓말을 하는 것도 가능하다. 지식이 없어서 그 결과를 안일하게 신용해 버리면 되돌릴 수 없는 실수를 범할 수도 있다.

먼저 기초적인 데이터 읽기에 관한 서적을 읽어볼 것을 권한

그림3-3 알아두어야 할 데이터 분석법

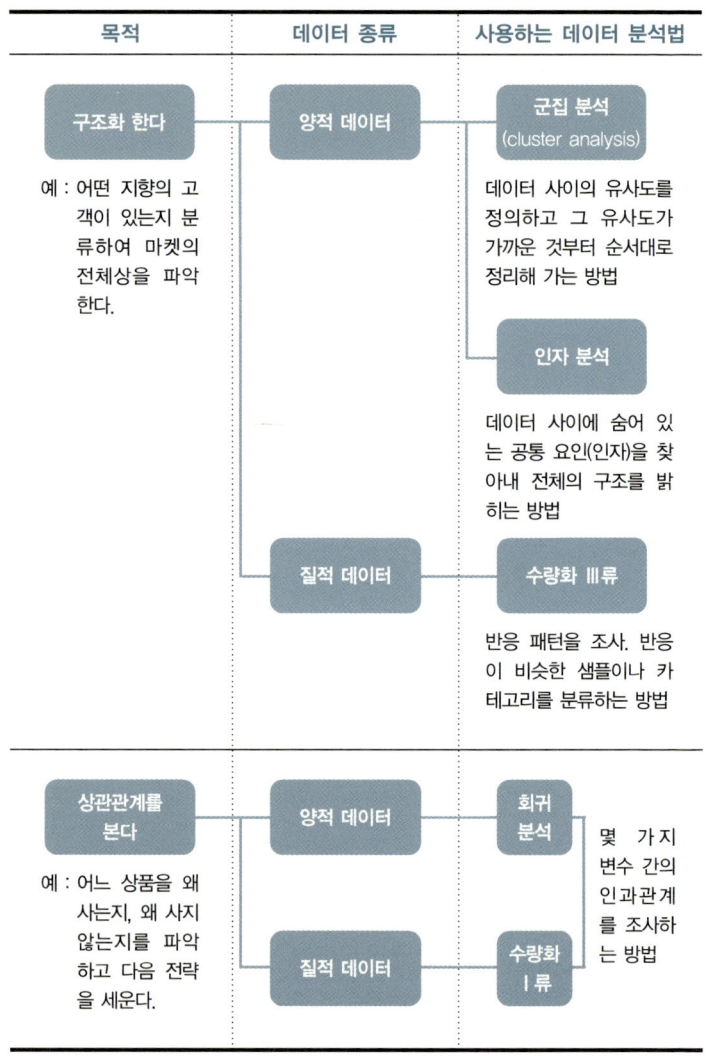

목적	데이터 종류	사용하는 데이터 분석법
구조화 한다 예 : 어떤 지향의 고객이 있는지 분류하여 마켓의 전체상을 파악한다.	**양적 데이터**	**군집 분석** (cluster analysis) 데이터 사이의 유사도를 정의하고 그 유사도가 가까운 것부터 순서대로 정리해 가는 방법 **인자 분석** 데이터 사이에 숨어 있는 공통 요인(인자)을 찾아내 전체의 구조를 밝히는 방법
	질적 데이터	**수량화 Ⅲ류** 반응 패턴을 조사. 반응이 비슷한 샘플이나 카테고리를 분류하는 방법
상관관계를 본다 예 : 어느 상품을 왜 사는지, 왜 사지 않는지를 파악하고 다음 전략을 세운다.	**양적 데이터**	**회귀 분석** 몇 가지 변수 간의 인과관계를 조사하는 방법
	질적 데이터	**수량화 Ⅰ류**

다. 그리고 조사에 관한 강좌를 수강해 보거나 업무에서 얻은 앙케트 조사 등의 결과를 엑셀의 통계 기능을 활용하여 가공하는 시험을 해보는 것도 좋을 것이다. 수학에 서툰 사람도 그다지 어렵지 않으리라고 본다.

어느 정도 마스터하고 나면 앙케트 조사 결과를 통계적으로 집계한 숫자를 '읽고' 거기에서 중요한 정보를 뽑아낼 수 있다. 상품이나 판촉 전략을 마련하는 데 빠뜨릴 수 없는 기술이다.

경영에 관한 숫자를 읽어내는 것으로 단적으로 말하자면 '손익계산서(P/L)' '대차대조표(B/S)' '현금흐름표'의 세 종류의 재무제표를 배우는 것이다.

손익계산서는 일정 기간의 수익과 비용·손익을 정리한 것이다. 우선 '매출'에서 '원가'를 빼면 '매출 총이익'이 나온다. 거기에서 '판매비·일반관리비'를 빼면 '영업 이익'이 나온다. 거기에 '영업외 수익' '영업외 비용' 등을 가미하면 '경영이익'이 되고 '특별이익' '특별손익'을 조정하면 '세전당기이익'이 나온다.

대차대조표는 일정 시점의 재무상황을 표시한 것으로 밸런스 시트balance sheet라고도 부른다. 이것은 오른쪽에 돈을 조달한 방법을 기입하는데 되돌려주지 않으면 안 되는 '부채'(유동부채·고정부채)와 되돌려주지 않아도 되는 '자본'(자본금·법정 준비금 · 잉여금)으로 나뉘어져 있다. 왼쪽은 그 돈을 어떻게 운용하고 있는지를 나타내고 있으며, '자금'(유동자산 · 고정자산 · 이연자산)으로 기입된다. 이 숫자에서 기업경영에 관한 많은 정보를 읽어낼 수 있다.

현금흐름표는 현금의 흐름을 나타내는 것으로 영업활동과 투자활동, 그리고 재무활동의 세 가지를 가리키고 있다.

이런 경영 숫자를 읽어낼 수 없다면 관리직이 되는 것은 물론, 영업직으로서 고객을 이해하는 것도 불가능하다.

이 두 가지는 역량과는 다른 종류의 능력으로 성공의 충분조건은 아니지만 필요조건이라고 여기고 서둘러 강좌 등을 통해 배워둘 것을 권한다.

4. 성인을 위한 인턴십

우리의 앞날은 간파하기 어려운 나선형 계단과 같다. 그래서 갈림길이 나타나면 오른쪽으로 가야할지, 왼쪽으로 가야할지 고민한다. 어느 쪽이 자신에게 올바른 길인지는 쉽게 알 수 있는 것이 아니다. 해보지 않으면 아무도 모르는 게 현실이다.

바로 그때 효과가 있는지 시도해 보는 실험이다. 넓은 의미의 인턴십이라고 해도 좋을 것이다. 학생이 하는 인턴십과 성인을 위한 인턴십 두 가지에 대하여 이야기해 보겠다.

쌍방에 유익한 '실험'

먼저 취직할 때의 '실험'에 대하여 이야기해 보자.

첫 번째는 아시다시피 인턴십이다. 원래 미국에서 생겨난 개념인데 1990년대 후반부터 국내에서도 도입하는 기업이 늘어나 이젠 완전히 익숙해졌다.

학창시절에는 일해 본 경험이 아르바이트밖에 없기 때문에 실제로 정규직원이 어떠한 일을 하는지 체험해 보는 것은 커다란 가치가 있다.

아르바이트와 마찬가지로 업무를 시키는 인턴십 프로그램도 있는데, 그것은 인턴십의 의미가 없다. 장차 취직했을 때에 할 가능성이 있는 일을 체험할 필요가 있다.

오를 '산'은 미처 찾지 못했어도(이에 대해서는 제1장 참조), '레프팅'은 일단 출발해야 하기 때문에 출발할 강을 결정하기 위해서도 인턴십은 효과적이다. 회사 측에서도 채용 실수를 줄이고 우수한 인재를 발굴할 기회로 인턴십을 채용하기 시작하는 것 같다.

또 하나 소개예정파견이라는 방법도 규제완화에 따라 확대해 왔다. 우선은 파견노동자로서 한정된 기간 동안 파견되어 일하면서 서로 맞추어보고, 좋으면 그대로 정사원으로 입사시키는 제도다. 아무리 면접을 반복해도 좀처럼 알기 어렵기 때문에 일정 비율로 채용 실수가 발생한다.

소개예정파견은 그와 같은 채용 실수방지가 가능하므로 기업에서 볼 때 합리적인 제도다. 개인의 입장에서도 일반적인 채용 방식으로는 여간해서 입사하기 어려운 회사에 들어갈 가능성이 커진다. 이것도 서로에게 '실험'이라고 할 수 있다.

또 독립 사업으로도 실험할 방법이 있다.

예를 들어 재택근무가 유용한 실험이다. 최근에는 재택근무를 인정하는 회사도 늘어났는데 일을 집에서 하는 것을 시험해 보는 것이다.

만일 회사에서 하기보다 집에서 하는 편이 일의 진행이 잘된다고 여겨지면 그 사람은 소호워커 Small Office Home Office worker (자택을 사무소로 하는 개인사업주)로서 집을 사무소로 하여 사업할 '적성'이 되는 사람이다. 물론 자기관리가 잘 되는 사람이다.

반대로 집에서는 집중이 안 되고 아이가 매달려 일을 할 수가 없다는 사람은 그만두는 편이 낫다. 재택근무를 통해서 그런 이미지를 잡는 것이다.

독립 사업의 경우 부업으로 하는 방법도 추천하고 싶다. 샐러리맨은 연금이나 보험, 사회적 신용, 수입 등 모든 면에서 우대를 받고 있다. 그렇기 때문에 회사를 그만두고 혼자 일한다는 것은 많은 위험부담이 따른다. 한번 발을 내딛고 나면 원래대로 되돌아가지 못하고 실패조차 용서가 안 된다.

그래서 샐러리맨을 하면서 일단 부업으로 조금씩 해보는 것이다. 조금이라도 해보면 자신이 할 수 있을지, 일은 구할 수 있을지 등의 정보가 모인다. 이 정도면 할 수 있겠다는 확신이 서면 그 후에 독립해도 늦지 않다. 그렇게 하면 예상을 빗나가는 큰 실패를 하는 사태는 피할 수 있다.

부업은 재직하고 있는 직장과 경합적인 사업을 하지 않는 한 기본적으로 본업에도 도움이 되는 경우가 많다. 소규모라도 경영을 직접 해보는 것은 귀중한 공부가 되며, 당신의 전문성을 살린 부업이면 전문성을 연마할 수도 있기 때문이다.

가능하면 회사의 직속 상사에게는 슬며시 눈감아주는 정도의 승인을 얻고 시작하는 것이 무난하다. 무슨 일이 있어도 몰래 하고 싶다면 가족을 경영자로 내세우고 그것을 도와준다는 형식으로 하는 것도 좋다.

내가 소속된 워크 연구소에서 독립 창업한 사람들에게 앙케트를 했더니 많은 사람이 본격적으로 비즈니스를 시작하기 전

그림3-4 독립 창업을 생각하고 있는 사람들에 대한 앙케트 조사

■ 부업하고 있는 사람의 비율

현재 부업을 가지고 있다	현재 부업을 가지고 있지 않지만 앞으로 가지고 싶다	현재 가지고 있지 않고 앞으로도 가질 생각이 없다	무 응 답
6.0%	18.7%	75.1%	0.3%

부업 의향 있음
24.7%

■ 부업하는 이유
(현재 부업을 하고 있는, 또는 앞으로 가지고 싶다고 답한 사람)

수입을 보충하기 위하여	장래의 독립을 위하여	취미의 연장	그 외	무 응 답
57.1%	17.7%	22.0%	2.5%	0.6%

출처: 워킹퍼슨 조사 2002년(리쿠르트 워크 연구소)

에 부업이라는 형태로 시험해 보았다고 응답했다.

다양한 방법 중에서 선택한다

어느 정도 나이가 들면 다음 커리어 플랜을 생각할 때, 전직

이냐 창업이냐 하는 양자택일로만 생각하지 말고 다양한 선택 중에서 고르는 것이 좋다.

취업형태도 정규직원뿐 아니라 계약직원이나 업무위탁을 받는 개인 사업주와 같은 방법도 있으며, 창업에도 일반적인 법인화뿐 아니라 NPO법인, 워커즈 콜렉티브 등의 협회조합 등 같은 직업을 가진 사람들과 공동 경영하는 방법도 있고, 프랜차이즈 가맹, 프리랜서 등의 길도 있다. 공무원이나 교원이 되는 선택도 할 수 있다. 그 중에서 가장 자신에게 적절한 방법을 선택하는 것인데 개인으로 할지, 파트너와 공동으로 할지 부부가 함께 할지 생각해 보자.

정리해 보면 고용되어 일할지, 고용되지 않고 일할지, 혼자할지, 동료와 할지, 영리기업으로 할지, 비영리기업으로 할지, 안전 위주로 나갈지, 과감하게 나갈지 등의 기준이 있다. 어느 방법이 자신에게 맞을지 생각해 보기 바란다.

또 전문 구축력을 익히고 나면 그 전문 분야를 어떻게 살릴지 하는 점을 중점적으로 생각하는 것이 좋다. 12가지 기초력을 자기 나름대로 체크해 보고 그 중에서 어느 능력이 특히 강한지 어느 능력에 자신이 없는지를 정리한 후에 차분히 시간을 두고 선택하도록 한다.

5. 계단 위에 있는 세계

계단을 순조롭게 올라가면 거기에는 어떠한 세계가 기다리고 있을까?

커리어 이론으로 알려진 매사추세츠 공과대학의 에드거 샤인 교수는 자기개념을 키우면 자기개념이 성공을 결정지을 앵커(배의 닻)의 기능을 다하게 된다고 지적한다. 자기개념이란 다음과 같다.

1. 자신의 강점과 약점은 무엇일까?
2. 자신의 목표는 무엇일까?
3. 자신의 가치관은 무엇일까?

이러한 질문은 오랜 세월에 걸쳐 반복하여 만들어지는 것으로, 그런 자기개념이 확립되어 있다면 자신의 항로를 벗어나지 않고 올바로 나아가게 된다고 한다.

나는 이와 같은 세 가지 질문을 자기 자신에게 던지면서 12가지 기초력을 익혀가는 것이 중요하다고 믿는다. 그러면 자신의 일은 곧 천직이라고 할 수 있는 직업에 이를 수 있다. 계단 위의 세계에는 그 누구의 기준도 아닌 자신의 기준으로서의 분명한 선택이 기다리고 있는 것이다.

선택한(도달한) 일은 당신의 강점·약점과 지극히 상성이 좋은 일이다. 당신이 할 수 있는 일이며 당신이 하고 싶어 하는 일이며, 당신의 해야 할 일임에 틀림없다.

자기개념이 확립되어 있으면 그 일이 '자신의 일'이라고 자각할 수 있다. 그러면 지금 하고 있는 일이 천직이라고 생각될 것이다.

되돌아보면 아주 여러 가지 일을 해왔고 시행착오도 했지만 하나도 쓸데없었던 것은 없었다. 직·간접적으로 언뜻 지금의 일과 관계가 없어 보이는 것도 따지고 보면 지금 하고 있는 일에 필요한 능력을 익힐 기회가 되었다든지 중요한 만남이 있었다든지 등 어떠한 형태로든 '지금'과 이어져 있음을 실감할 것이다. 그와 같은 상태가 '계단 위'라고 내가 표현하고 있는 세계다.

그렇기 때문에 절대로 고수입이나 출세와 같은 모습은 아니다. 물론 결과적으로 출세하고 있을지는 모르지만 그것은 본질이 아니고 어디까지나 당신의 자기개념에 비춘 기준에 맞는지가 중요하다.

그때는 이미 자신의 기준과 다른, 세상의 일반적 기준은 아무래도 좋다고 생각하고 있을 것이다. '남보다 많은 연봉'이라든지 '동기보다 빠른 출세' '명예로운 지위' '화려한 학력' '넘칠 만큼 많은 자격증의 수' 등은 그리 대단한 것이 아니다.

　일은 인생에서 매우 중요하다. 행복한 인생일지 아닐지 하는 부분을 결정짓는 힘을 가지고 있다. 그 일과의 좋은 관계가 구축되었다고 실감할 수 있는 공간, 그 공간이 '계단' 위의 세상에서 당신을 기다리고 있다.

맺음말

　이 책의 내용은 내가 강연회 등에서 다루고 있는 내용을 정리한 것이다. 대학에서 학생들을 상대로 강의한 것도 있고 중장년을 대상으로 제2의 커리어에 대해 강연한 것도 있다. 어느 쪽이든 공통된 나의 메시지는 성공적인 경력관리의 포인트는 자신의 능력을 계획적으로 개발하는 것이다.

　더욱이 신입사원 시절에는 그 시기에 맞게 개발해야 할 능력이 있고, 중견이 되면 역시 거기에 어울리는 개발해야 할 능력이 있다.

　'평생 동안 공부하라'는 내용이기 때문에 마음이 좀 무거워졌을지도 모른다. 하지만 사회 기준의 성공 개념에 휘둘리지 않고, 나름대로 기초한 성공의 길로 전환했을 때 맛볼 수 있는 쾌감은 그 무엇과도 바꾸기 어려운 것이다. 그런 감각을 좀더 많은 사람이 맛볼 수 있기를 바라면서 이 책을 썼다.

　모쪼록 다 읽은 후에 꼭 실천하기 바란다. 그리고 가끔 12가지 기초력을 자신이 어느 정도 익혔는지를 확인하기 바란다.

얼마 전에도 강의한 대학의 학생들에게서 감상문을 받았는데 감상문 중에서 '(나의) 강의 내용에 자극받아 구체적으로 행동을 시작하였다'는 내용을 여러 명의 글에서 읽을 수 있어 매우 기뻤다. 이 책을 읽은 독자 여러분이 행복한 직업 인생을 걸을 수 있기를 진심으로 바란다.

이 책을 쓰는 데 있어서 도표 작성과 예비조사 등 리쿠르트 워크 연구소의 이시카와 마치 씨와 와타나베 케이코 씨에게 많은 도움을 받았다. 감사의 인사를 드린다. 또 닛케이BP사의 가와구치 타츠야 씨에게는 많은 조언을 받았다. 진심으로 감사드린다.

2004년 봄 아타미 산중의 작업실에서

오오쿠보 유키오